OEUVRES

DE

C. DELAVIGNE

TOME VIII

DERNIERS CHANTS.

PARIS, IMPRIMÉ PAR BÉTHUNE ET PLON.

DERNIERS CHANTS

POÈMES ET BALLADES SUR L'ITALIE

PAR M.

C. DELAVIGNE

DE L'ACADÉMIE FRANÇAISE

PRÉCÉDÉS D'UNE NOTICE
PAR M. GERMAIN DELAVIGNE

PARIS
DIDIER, LIBRAIRE-ÉDITEUR
QUAI DES AUGUSTINS, 35
FURNE ET Cie, LIBRAIRES
RUE SAINT-ANDRÉ-DES-ARTS, 55

1845

A la ville du Hâvre.

C'est remplir le vœu de mon père que d'offrir son dernier ouvrage à la ville du Hâvre, qu'il a tant aimée. Qu'elle veuille bien l'accepter comme une preuve de ma profonde reconnaissance pour l'hommage qu'elle a rendu à sa mémoire.

A.-CASIMIR DELAVIGNE.

NOTICE

sur

CASIMIR DELAVIGNE

NOTICE

SUR CASIMIR DELAVIGNE.

C'est avec un sentiment à la fois doux et pénible que j'écris cette simple notice sur un frère que la mort seule a pu séparer de moi. Si je ne puis me rappeler sans une émotion de plaisir les belles années que nous avons passées ensemble dans une union si tendre, lui se créant chaque jour de nouveaux titres à l'admiration générale, et moi modeste confident de ses travaux, aujourd'hui un regret bien amer vient se mêler à ces souvenirs. Je n'ai pas dû hésiter cependant à parler de lui, et à le faire connaître comme je l'ai connu. Le faire connaître, c'est le faire aimer, et cette mission me donne du courage.

Les éditeurs d'un poète placent ordinairement son portrait à la tête de ses ouvrages. Avant de donner quelques détails sur la vie de Casimir, je crois devoir, comme eux, placer ici un tableau fidèle de son caractère, que son amour pour la retraite n'a pas permis d'apprécier entièrement. Casimir était un de ces hommes rares, à l'épreuve de la crainte, de l'intérêt ou de l'ambition. Aucun danger, aucune séduction n'aurait pu le pousser à un acte qu'il aurait regardé comme blâmable ou lui faire abandonner ce qu'il croyait noble et juste. Beaucoup ont connu sa bonté, mais bien peu ont pu se faire une idée de toute l'énergie de son âme. Honoré de l'amitié du souverain, jamais il ne demanda rien pour lui-même; mais, sans craindre d'être importun, il demanda bien souvent pour les autres, et jamais il n'éprouva un refus. Son cœur était ouvert à tous les sentiments tendres; aimant avec passion le travail et la retraite, les réunions intimes de la famille faisaient tout le charme de sa vie. La critique fut sévère et plus d'une fois injuste envers lui, surtout pendant ses dernières années. Il était très-sensible à ses attaques, mais il ne voulait pas y répondre. Il disait souvent : « Si mon ouvrage est bon, avec le temps il doit » triompher; s'il ne l'est pas, la critique a raison, il faut » tâcher de faire mieux. » Il possédait cependant à un degré très-élevé le talent de la satire; mais il refusa toujours d'en faire usage, et c'est une arme dont il ne se servit qu'une seule fois, en badinant, lorsqu'il composa sa comédie des *Comédiens*. Toujours animé d'une noble émulation, jamais il n'éprouva un sentiment de jalousie pour ses rivaux; il applaudissait avec transport à leurs travaux, quand son goût était satisfait; dans le cas contraire il gardait le silence ; aussi, en quittant la vie, a-t-il pu dire, comme un de nos anciens tragiques :

Aucun fiel n'a jamais empoisonné ma plume.

Tels sont les traits principaux du caractère de Casimir

Delavigne; le portrait n'est point flatté, et il ne m'était pas possible d'en tracer une image infidèle, à moi qui ai pendant si long-temps été pour lui une seconde conscience. Telles sont les heureuses et brillantes qualités qui le distinguaient; les détails de sa vie en seront le développement et la preuve.

Casimir Delavigne naquit au Havre le 4 avril 1793. Il était fils d'un négociant justement considéré. Son enfance ne présenta aucune circonstance remarquable; il annonçait un esprit vif, et par une singulière contradiction, malgré son ardeur pour le travail, il ne triomphait qu'avec beaucoup de peine des premières difficultés de ses études. A l'âge de dix ans, il fut envoyé au collége, à Paris, où je l'avais précédé de plusieurs années. Je demande pardon au lecteur de parler de moi quelquefois, mais le lien qui nous unissait était si intime que je serai forcé souvent de me citer comme témoin des faits que je raconte.

Pendant les premières années, Casimir se fit aimer par la bonté de son caractère, et se fit remarquer plus par son application que par ses succès ; mais, à l'âge de quatorze ans, ses facultés se développèrent d'une manière extraordinaire, et, en quelques mois, il devint l'un des meilleurs écoliers de son temps. Comme presque tous les jeunes gens, je faisais alors des vers fort médiocres ; on connaît l'anathème de Boileau :

> Il n'est point de degrés du médiocre au pire.

Je les lisais à Casimir, qui avait la bonhomie de les trouver admirables, et mes essais informes eurent l'avantage de lui donner de bonne heure le goût de la poésie, qui sans doute lui serait venu plus tard. Il voulut aussi essayer ses forces; il apporta dans ce travail l'ardeur qu'il mettait à tout ce qu'il entreprenait, et je ne tardai pas à m'apercevoir qu'il réussissait beaucoup mieux que moi. Dès lors je cessai de faire des vers pour me borner à corriger les siens.

Il eut, ainsi que moi, le bonheur de trouver sur les bancs du collége un ami dont la tendre affection ne s'est jamais démentie; je veux parler de Scribe. Les liens d'une amitié bien rare se formèrent entre nous trois. Nous nous faisions mutuellement confidence de nos travaux, de nos projets, de nos espérances. Lorsque nous sortions, le dimanche, c'était encore pour nous réunir, et, quand notre bourse d'écolier nous le permettait, nous allions faire un modeste déjeuner dans un petit café près du Palais-Royal. Là, nous formions ensemble des plans pour l'avenir, avec toutes les illusions de la jeunesse. Casimir craignait de travailler pour le théâtre; il voulait être poète, mais il désirait consacrer sa vie à la composition d'un poème épique. Scribe se destinait au barreau. Dans nos petits conciliabules, comme j'étais le plus âgé, j'exerçais une certaine influence. Je les entraînai tous deux à travailler pour la scène. Me sera-t-il permis de me féliciter en passant d'avoir donné au théâtre deux hommes aussi éminents dans des genres divers? c'est certainement ce que j'ai fait de mieux.

Nous étions convenus de nous réunir au même endroit dans chaque circonstance importante de notre vie, afin de nous féliciter ou de nous consoler ensemble, et chacun de nous fut toujours fidèle à cet engagement. Une de ces réunions eut lieu à l'époque où Casimir fut nommé membre de l'Académie française. Scribe avait obtenu déjà les plus beaux succès, j'avais eu part à quelques-uns; nous étions tous trois heureux ; chaque souvenir du passé nous semblait le gage d'un avenir plus brillant. Ce jour même, on jouait aux Français *l'École des Vieillards* et *Valérie*. Nous nous rendîmes ensemble au théâtre : la salle était remplie ; le public applaudissait ; le sentiment de bonheur que chacun de nous éprouva nous émut jusqu'aux larmes, et Casimir nous répétait en se retirant : « Mes amis, remercions la » Providence, elle a été plus loin que nos vœux et que nos » rêves de jeunesse. »

En l'absence de sa famille qui habitait le Havre, Casimir était reçu, les jours de congé, chez un oncle*, avoué à Paris, qui, comme le vieux procureur de Crébillon, aimait les lettres, et les cultivait autant que les affaires pouvaient le lui permettre. Il était intimement lié avec le bon et spirituel Andrieux ; il le consulta sur les premiers essais de Casimir. Andrieux aimait les jeunes gens ; il leur prodiguait volontiers ses conseils et ses leçons, mais il ne les gâtait pas par trop d'indulgence, et presque toujours il les détournait d'entrer dans la carrière des lettres, où, disait-il, ils devaient s'attendre à trouver les plus amers désappointements. Après avoir lu les vers de Casimir, il répondit : « Ce n'est » pas mal ; mais, croyez-moi, il serait bien plus sage de se » disposer à faire son droit. » Cet arrêt fut rapporté au jeune poète, qui n'en fut pas découragé.

Une année après, il était encore élève de rhétorique, la naissance du roi de Rome lui offrit l'occasion de faire révoquer la sentence. Il composa un dithyrambe renfermant des beautés poétiques de l'ordre le plus élevé, et qui fixa sur

---

* M. Lambert Sainte-Croix.

lui l'attention générale. Le bon oncle s'empressa de porter cette nouvelle production à Andrieux. Ce dernier, après l'avoir lue avec un vif intérêt, s'écria : « Voilà qui est bien » différent! Il ne faut plus le tourmenter : amenez-le-moi ; » il ne fera jamais que des vers, et j'espère qu'il les fera » bons. » Il l'accueillit en effet avec une bonté paternelle, se plut à lui donner des encouragements, et l'excita à poursuivre une carrière qui lui promettait de véritables succès. Parmi les jeunes gens qui venaient consulter Andrieux, Casimir est peut-être le seul auquel il ait donné un conseil semblable ; aussi le jeune poète, qui ne l'ignorait pas, puisa-t-il dans ses éloges une confiance et une ardeur nouvelles.

Je dois démentir ici une anecdote complétement fausse, qui a été insérée dans plusieurs recueils périodiques. On a raconté que l'Empereur, faisant une visite au lycée Napoléon après avoir lu le dithyrambe composé sur la naissance de son fils, se fit présenter l'auteur et lui demanda quelle récompense il désirait. On ajoutait que Casimir avait réclamé l'exemption du service militaire. Je puis affirmer que jamais l'Empereur n'a fait de visite au lycée Napoléon, et que jamais Casimir n'a eu l'honneur de lui parler.

Il fut soumis à la conscription comme tous les autres jeunes gens de cette époque. Ce ne fut point un ordre de l'Empereur qui le fit rester dans ses foyers, ce fut le dévouement de ses jeunes concitoyens. Les formalités de la loi l'avaient obligé de se rendre au Havre. Il était déjà d'une santé bien délicate, et qui n'aurait pu supporter les fatigues de la guerre ; mais ce motif ne suffisait pas pour le faire exempter du service. Il fallait appuyer sa réclamation sur une infirmité quelconque bien constatée. Il était alors affecté d'une légère surdité, qui depuis disparut entièrement. Ce fut l'excuse qu'il présenta ; mais, pour que cette excuse fût admissible, le certificat qui attestait cette infirmité devait être signé par les jeunes conscrits de sa classe. Tous s'empressèrent de venir le signer, et cependant ils n'ignoraient pas qu'en agissant ainsi chacun d'eux s'exposait à partir à la place de celui qu'il voulait sauver. Que ceux qui existent encore reçoivent ici le tribut d'une reconnaissance dont Casimir fut pénétré jusqu'à la fin de sa vie.

Le dithyrambe sur la naissance du roi de Rome eut pour Casimir un précieux avantage : il fixa sur lui l'attention d'un homme aussi distingué par les qualités de son cœur que par les grâces et l'étendue de son esprit. M. le comte Français (de Nantes), alors directeur-général des droits réunis, aimait à se délasser des fatigues de l'administration par la culture des lettres : il aimait à s'entourer d'hommes remarquables par leur savoir et leurs travaux. Il avait donné asile dans ses bureaux à quelques gens de lettres malheureux, et il se plaisait à encourager parmi les jeunes poètes ceux qui lui paraissaient annoncer du talent. Il se fit présenter Casimir. La famille du jeune poète avait éprouvé de cruels revers par suite des longues guerres de l'Empire : pour suivre la carrière où il venait d'entrer il lui fallait un appui : il le trouva dans cet homme excellent, pour lequel il conserva toujours autant de gratitude que de vénération.

M. le comte Français lui donna un petit emploi dans l'administration, en lui recommandant de ne s'y présenter que le dernier jour de chaque mois, jour où l'on payait les appointements. S'il le rencontrait dans les bureaux à une

autre époque, il le renvoyait en lui disant : — « Mon cher
» Casimir, allez travailler, ne venez pas ici perdre votre temps.
» Si je vous ai donné une place, c'est pour que vous ayez bien-
» tôt le moyen de vous en passer. » Il avait eu la bonté de
l'admettre dans son cercle intime, composé des hommes les
plus distingués dans tous les genres. Là, chaque soir,
Casimir assistait à une conversation aussi instructive
que variée, qui était pour lui une école de savoir et de
goût.

Il s'efforça de justifier par des succès la bienveillance dont
il avait été l'objet. Les concours académiques lui ayant paru
le moyen le plus prompt d'arriver à son but, il composa
un épisode du genre épique intitulé : *Charles XII à Narva*.
Cet ouvrage n'obtint pas le prix, mais l'Académie y remarqua de brillantes qualités poétiques, et lui accorda une
mention honorable.

L'année suivante le sujet du prix était la découverte de la
vaccine. Il résolut de tenter une seconde fois la fortune.
Afin de s'entourer de toutes les lumières nécessaires, il
s'adressa au docteur Pariset, aujourd'hui secrétaire perpé-
tuel de l'Académie royale de médecine, qu'il voyait habi-
tuellement chez M. Français, et qui lui montrait toujours
beaucoup d'amitié. Le docteur, qui faisait lui-même de
très-bons vers, se prêta volontiers aux désirs du poète, et
lui donna les explications les plus précises. Ils allèrent
même plus d'une fois de compagnie vacciner dans les campagnes aux environs de Paris. Ces études consciencieuses
inspirèrent à Casimir quelques vers techniques où il rendit
avec un rare bonheur et une élégante précision les symptômes et les effets de la vaccine.

Qu'il me soit permis de remettre sous les yeux des lecteurs ces vers, qui alors furent extrêmement remarqués :

> Par le fer délicat dont il (Jenner) arme ses doigts,
> Le bras d'un jeune enfant est effleuré trois fois.
> Des utiles poisons d'une mamelle impure,
> Il infecte avec art cette triple piqûre.
> Autour d'elle s'allume un cercle fugitif.
> Le remède nouveau dort long-temps inactif.
> Le quatrième jour a commencé d'éclore,
> Et la chair par degrés se gonfle et se colore.
> La tumeur en croissant de pourpre se revêt,
> S'arrondit à la base et se creuse au sommet.
> Un cercle plus vermeil de ses feux l'environne;
> D'une écaille d'argent l'épaisseur la couronne;
> Plus mûre, elle est dorée; elle s'ouvre, et soudain
> Délivre la liqueur captive dans son sein.
> Puisez le germe heureux dans sa fraîcheur première,
> Quand le soleil cinq fois a fourni sa carrière;
> Si la douzième nuit a commencé son cours,
> Souvent il offrira d'infidèles secours, etc., etc.

Le ton peut-être un peu trop didactique de ce poème l'empêcha d'obtenir le prix; mais l'Académie, d'un suffrage unanime, lui décerna l'accessit, en rendant une justice entière à un style toujours élégant et poétique.

Cependant les désastres de l'Empire avaient commencé. Casimir était animé d'un patriotisme ardent. Il aimait la France d'un amour passionné : les revers de son pays firent sur son âme une impression qui ne s'effaça jamais, et ce fut avec une profonde douleur qu'il assista à la chute de l'Empereur et à la double invasion de l'étranger. Il ne put voir sans indignation les outrages prodigués à cette époque aux derniers défenseurs de la patrie. Il voulut les consoler et les venger; et au mois de juillet 1815, quelques jours après la funeste bataille de Waterloo, il composa la première Messénienne. Cet ouvrage produisit dans la France entière une immense sensation. Chacun sut gré au jeune poète d'avoir exprimé avec tant de verve et d'énergie des sentiments qui faisaient battre tous les cœurs français. Cette Messénienne fut immédiatement suivie de deux autres, et tel fut l'enthousiasme qu'elles excitèrent que, dans la première année de leur publication, il en fut vendu vingt et un mille exemplaires. En un moment Casimir devint le poète national de la France, et il était digne de ce titre honorable. S'il aimait la gloire de son pays, il n'aimait pas moins la liberté, cette liberté féconde aussi éloignée des désordres de l'anarchie que des abus du despotisme, et il consacra toute sa vie à la chanter et à la défendre.

La chute de l'Empereur avait naturellement éloigné des affaires M. le comte Français, et Casimir avait perdu le petit emploi qu'il occupait dans les droits réunis. M. le baron Pasquier, alors garde des sceaux, aujourd'hui chancelier de France, lut avec émotion les trois premières *Méséniennes*; il fit appeler l'auteur, et créa pour lui la place de bibliothécaire de la chancellerie. Dans cette nouvelle position, Casimir redoubla d'efforts pour réaliser les espérances qu'il avait données et répondre à la bienveillance générale dont il était entouré. Au collége, tout rempli d'admiration pour les classiques grecs, qu'il étudiait avec amour, il avait composé une tragédie de *Polyxène*. Cet ouvrage, écrit d'un style élégant et pur, et qui reproduisait quelquefois avec bonheur les beautés d'Euripide, n'aurait pu réussir sur notre théâtre. Casimir le sentit : il condamna lui-même sa première production dramatique, et s'occupa des *Vêpres*

Siciliennes, dont le sujet lui paraissait susceptible d'un vif intérêt. Si l'auteur éprouve de grandes jouissances pendant la composition de son œuvre, viennent ensuite les tribulations de toute nature inhérentes à la représentation. Elles ne furent pas épargnées à Casimir. Après avoir long-temps sollicité une lecture au Théâtre-Français, il parvint enfin à l'obtenir; mais l'ouvrage fut écouté avec la défiance et la défaveur qui accueillent assez ordinairement le coup d'essai d'un jeune homme; et ce ne fut qu'à grand'peine qu'on le reçut à correction. Ce jugement offrit une circonstance assez singulière. A cette époque les comédiens avaient l'habitude, après avoir entendu une pièce, de motiver leur vote dans un bulletin. Celui de Thénard, qui tenait alors l'emploi des premiers comiques, était conçu en ces termes : « Je reçois cet ouvrage malgré ses défauts; j'y trouve la » preuve que l'auteur un jour écrira très-bien la comédie. » Une année après l'auteur avait justifié cet horoscope.

En attendant, Casimir se remit au travail avec courage. Il chercha à corriger les défauts qu'on lui avait indiqués et à satisfaire le goût et les exigences de ses juges. Il réclama ensuite et obtint une seconde lecture; dont le résultat fut un refus définitif.

Il revint chez lui désespéré; et, en entrant dans son cabinet, où je l'attendais, il m'annonça la fatale nouvelle, et ajouta : — « Il paraît que je me suis tout à fait trompé : il » faut faire une autre tragédie. » En disant ces mots il jeta son manuscrit dans le feu. Je m'empressai de l'en retirer, et je lui répondis : — « Sans doute il faut faire une autre » tragédie ; mais il faut garder celle-ci. Le jugement qui la » condamne n'est peut-être pas sans appel. »

A cette même époque l'Académie française avait donné pour sujet du prix de poésie le bonheur que procure l'étude dans toutes les situations de la vie. Casimir résolut de concourir encore une fois; mais, au milieu des difficultés qu'il éprouvait à faire représenter son premier ouvrage, il sentait vivement que le résultat du travail et de l'étude n'est pas toujours aussi agréable que le prétendait l'Académie. Il composa donc une épître où le sujet était traité dans un sens tout à fait différent de celui qui avait été indiqué. Cette pièce cependant renfermait une si heureuse philosophie, elle était écrite avec tant de facilité, d'esprit et de grâce, qu'elle obtint l'assentiment général. Les lois du concours ne permettaient pas de lui donner le prix; mais l'Académie la cita de la manière la plus honorable, et, par exception, elle fut lue tout entière en séance publique, aux applaudissements unanimes des auditeurs.

Picard était alors directeur de l'Odéon. Tout le monde connaît ses ouvrages remplis d'une gaieté naïve, d'observations vraies, d'aperçus pleins de finesse. Mais cet homme excellent était aussi cher à ses amis par la bonté de son cœur qu'il était remarquable aux yeux de tous par ses talents. Casimir lui avait été présenté par Andrieux, et il lui avait témoigné dès le premier abord une affection paternelle. Un incendie dévora son théâtre. Ce malheureux événement non-seulement compromettait sa petite fortune, mais plongeait dans la détresse les nombreuses familles qui tiraient leurs moyens d'existence de l'exploitation de l'Odéon. Le roi Louis XVIII voulut venir en aide à une telle infortune, et, en ordonnant de reconstruire la salle, il accorda à Picard le privilége du second Théâtre-Français.

Picard s'occupa sur-le-champ de rassembler les éléments d'une troupe nouvelle. Par son expérience et son activité il parvint bientôt à réunir des artistes d'un talent véritable, qui, après avoir fondé avec éclat le second Théâtre-Français, sont devenus depuis presque tous sociétaires du premier. Il forma ensuite un comité de lecture composé de gens de lettres, et vint trouver Casimir pour l'inviter à lire devant ces nouveaux juges sa tragédie des *Vêpres Siciliennes*. La pièce fut accueillie avec la plus grande faveur, et l'on décida que, parmi tous les ouvrages reçus, ce serait le premier qui serait joué sur le théâtre de l'Odéon.

Enfin, après tant de délais et de difficultés, la première représentation eut lieu le 23 octobre 1819, et attira une affluence considérable.

Il faut avoir travaillé pour le théâtre et avoir fait représenter un ouvrage quelconque, fût-ce une bagatelle, pour bien comprendre les angoisses de l'auteur qui subit cette terrible épreuve. Casimir, qui joignait à une modestie bien réelle une extrême sensibilité, avait besoin de tout son courage pour résister aux émotions qu'il éprouvait chaque fois qu'il donnait un ouvrage nouveau. Dans ces circonstances je ne le quittais jamais, et souvent, en lui promettant de le remplacer, je l'engageais à s'épargner un supplice inutile. Mais il regardait sa présence sur le théâtre comme un devoir, et me répondait : — « Ce n'est point un » supplice inutile ; c'est ici que je reçois les meilleurs con-» seils et les meilleures leçons. » En lui offrant de le remplacer, je faisais moi-même un grand effort ; car je ne souffrais guère moins que lui. Je m'étais tellement identifié à ses ouvrages qu'ils me semblaient les miens, et que souvent je me surprenais à être modeste pour son compte.

Les *Vêpres Siciliennes* obtinrent un succès dont les annales du théâtre n'offrent pas d'exemple. Ceux qui n'ont point assisté à cette représentation ne pourraient s'en former une idée. Le quatrième acte surtout avait excité un tel enthousiasme que les applaudissements ne cessèrent pas pendant l'intervalle qui le sépara du cinquième. L'émotion du public avait gagné la foule qui encombrait la place et les abords du théâtre, heureuse de s'unir à la victoire du poète qui avait consolé la France de ses revers. Picard, se jetant dans ses bras, lui dit avec effusion : — « Mon cher Casimir,
» vous nous sauvez. Vous êtes le fondateur du second
» Théâtre-Français. Jouissez bien de votre succès. Vous
» ferez sans doute encore de plus beaux ouvrages; mais vous
» n'obtiendrez jamais un pareil triomphe. »

Ce fut un beau moment dans la vie de Casimir. Il se voyait l'objet d'une bienveillance presque universelle. Il avait trouvé à l'Odéon de nouveaux et bien précieux amis. Je dois citer entre autres M. Droz, membre du comité de lecture, l'ami de Picard et d'Andrieux, et qui partagea bien vite leur affection pour le jeune poète. Je vois encore M. Droz, le philosophe pratique, abandonnant un moment ses graves méditations pour s'occuper de négociations délicates avec les acteurs, négociations qu'à cette époque l'invincible timidité de Casimir l'aurait certainement empêché de mener à bien ; il était profondément ému de tous les témoignages d'amitié qu'il recevait. « Je suis bien heureux,
» me disait-il souvent, d'avoir trouvé à mon début dans la
» carrière tant d'hommes distingués qui veulent bien me
» donner leurs conseils, et qui prennent à mes succès au-

» tant d'intérêt que moi-même. Si je réussis, c'est une dette
» que j'acquitterai plus tard lorsque des jeunes gens vien-
» dront me consulter à mon tour. » Et cette promesse, il l'a
tenue religieusement.

Si le refus des *Vêpres Siciliennes* à la Comédie-Française
n'avait point découragé Casimir, il avait cependant été très-
sensible à ce cruel désappointement. Il n'avait pu voir sans
une vive contrariété toutes ses espérances détruites, ou du
moins ajournées pour long-temps. Ce sentiment d'irritation
donna naissance à la comédie des *Comédiens*. Il combattit le
chagrin par le travail, et, sans avoir d'abord l'intention de
faire représenter ce nouvel ouvrage, il trouva une consola-
tion dans les plaisanteries qu'il dirigeait contre ses premiers juges. Lui, qui d'ordinaire disposait ses plans avec
un soin minutieux et après de longues méditations, se
laissa entraîner à écrire quelques scènes sans avoir même
songé à la place qu'elles devraient occuper dans l'ensemble.

Cependant, à mesure qu'il travaillait, son sujet s'étendit, se dessina plus nettement, et il parvint à en coordon-
ner toutes les parties. S'il est resté dans cette comédie
quelque trace de la manière dont elle fut composée, par
combien de qualités ce léger défaut ne fut-il pas racheté!
Que de chaleur et de vivacité dans le style! que de verve
comique! que d'observations fines et de saillies piquantes!

Le second Théâtre-Français s'empressa de jouer cette comédie, qui obtint un brillant succès. Si elle n'attira pas
d'abord la même affluence que *les Vêpres Siciliennes*, elle fut
appréciée sur-le-champ par les connaisseurs comme un ouvrage de l'ordre le plus élevé, et depuis le public a ratifié
ce jugement.

Casimir, immédiatement après, s'occupa de composer une seconde tragédie. Il lisait alors avec beaucoup d'intérêt une nouvelle de M. de Maistre, intitulée *le Lépreux de la cité d'Aoste*. Cet homme, frappé d'une réprobation universelle sans l'avoir mérité, abandonné de tous, et conservant dans son isolement les passions des autres hommes, lui paraissait le sujet d'un drame extrêmement touchant. « Je « voudrais, me disait-il, mettre cette pensée sur la scène; je » voudrais offrir au théâtre le tableau d'un être injustement » frappé d'une lèpre morale, luttant contre sa destinée; et » je voudrais en même temps que mon sujet me permît » de déployer tout le luxe de la poésie orientale. »

Cette succession d'idées le conduisit à choisir un Paria pour le héros de son œuvre nouvelle.

C'est avec passion qu'il se livra à ce travail, et il se plut à prodiguer dans cette tragédie toutes les richesses de la poésie la plus brillante. A l'imitation de Racine dans l'*Athalie*, il plaça entre les actes des chœurs qui sont regardés comme d'admirables morceaux lyriques.

Le Paria fut représenté le 1er décembre 1821, et ne fut pas accueilli moins favorablement que les deux ouvrages qui l'avaient précédé.

Pendant qu'il poursuivait si heureusement sa carrière laborieuse et qu'il obtenait ce nouveau triomphe, les événements politiques avaient marché; plusieurs Messéniennes avaient succédé aux premières, et toutes respiraient un ardent amour de la liberté; le ministère n'était plus le même, et, comme le caractère indépendant du poète ne pouvait convenir aux nouveaux agents du pouvoir, la place de bibliothécaire à la chancellerie fut supprimée.

Casimir fut promptement dédommagé de cette petite persécution, dont le public s'irrita plus que lui-même. M. le duc d'Orléans, en apprenant le coup qui l'avait frappé, lui fit offrir la place de bibliothécaire du Palais-Royal. La lettre qui lui annonça cette faveur contenait ces mots remarquables : « Le tonnerre est tombé sur votre maison, je vous » offre un appartement dans la mienne. » Casimir accepta avec reconnaissance une offre faite avec tant de noblesse. Admis bientôt dans l'intimité de M. le duc d'Orléans, il en fut traité avec une bienveillance qui devint en peu de temps une véritable amitié. Ce fut alors qu'il put apprécier toutes les vertus du prince, et la vaste étendue de ses connaissances, dont l'universalité l'étonnait toujours. Aussi était-il heureux de se dire : « Du moins je puis le louer sans être flatteur. »

A cette époque, plusieurs places devinrent successivement vacantes à l'Académie française. Casimir attachait beaucoup de prix à toutes les distinctions purement littéraires. C'était là son unique ambition. Bien qu'un profond amour pour la France, une rare fermeté de caractère jointe à une éloquence naturelle et à une grande rectitude de jugement lui eussent permis de jouer un rôle utile et brillant dans les affaires du pays; malgré l'amitié qui l'unissait aux chefs du parti libéral à cette époque, le général Foy, Manuel et Stanislas de Girardin, qui désiraient le voir siéger un jour dans leurs rangs, il s'y refusa constamment, convaincu que les lettres, comme la politique, exigeaient un homme tout entier. Deux fois il déclina l'honneur d'entrer à la Chambre des députés, qui lui fut offert d'abord par la ville du Havre, son berceau, à laquelle il avait voué un attachement qui ne s'altéra jamais, et ensuite par la ville d'Évreux. Mais une place à l'Académie française lui parut une juste récompense de ses succès et de ses travaux. Il n'hésita donc pas à se mettre sur les rangs. Malheureusement la majorité de cette compagnie célèbre était alors dominée par des préoccupations étrangères à la littérature. Casimir échoua deux fois dans sa candidature ; la première, on lui préféra M. l'évêque d'Hermopolis, et la seconde, M. l'archevêque de Paris. Quelque temps après, ses amis l'engageant à faire une troisième tentative, il leur répondit gaiement : « Ce serait inutile, car sans doute on m'opposerait le pape. »

A ses yeux, le plus sûr moyen de conquérir enfin les suffrages qui lui avaient été refusés, était de se présenter avec un titre nouveau : c'est à ce parti qu'il s'arrêta. Les sociétaires du Théâtre-Français, regrettant d'avoir éloigné de leur scène un homme qui devait en être l'ornement, avaient fait quelques démarches auprès de lui ; Casimir se prêta volontiers à une réconciliation dont *l'École des Vieillards* fut le gage. Lorsqu'il lut cette comédie au comité, Talma était présent : ce grand acteur fut profondément frappé de l'ouvrage en général et du rôle de Danville en particulier. Il s'approcha de Casimir après la lecture, et lui dit : « Ce rôle
» de Danville, c'est moi-même, c'est moi seul qui dois le
» jouer ; je vous le demande, et vous ne pouvez pas me le
» refuser. » Casimir fut aussi charmé que surpris de cette résolution de Talma ; il n'hésita pas à lui confier ce rôle, et la pièce fut mise immédiatement en répétition. Je n'ai pas besoin de rappeler au lecteur quel fut le grand et légitime succès de cette comédie, qui depuis est restée en possession de la scène, quoiqu'elle ait perdu deux appuis bien précieux, Talma et mademoiselle Mars.

L'Académie française se décida alors à ouvrir ses portes au poète que le public semblait avoir adopté, et elle parut elle-même vouloir le dédommager de l'attente par l'éclat de son élection : il obtint vingt-sept voix sur vingt-huit votants.

Au moment où il préparait son discours de réception, une lettre de M. le vicomte de La Rochefoucault lui annonça que le roi Charles X venait de lui accorder une pension de douze cents francs. Casimir avait peu de confiance dans les tendances du gouvernement d'alors, il croyait y voir l'intention de retirer à la France la plupart des libertés dont elle jouissait, et il était bien décidé à rester indépendant d'un pouvoir qu'il avait déjà combattu et qu'il pouvait être appelé à combattre encore. Il écrivit donc au roi, et refusa cette pension avec autant de fermeté que de respect.

Cependant ses travaux assidus, ses efforts continuels, avaient altéré gravement sa santé; déjà les premiers symptômes du mal auquel il a succombé plus tard, dans toute la force de l'âge, avaient commencé à paraître d'une manière menaçante; sa famille et ses amis en furent alarmés, et les médecins lui ordonnèrent de faire en Italie un voyage de plusieurs mois.

Malgré le désir qu'il éprouvait de voir et d'admirer ce pays si poétique, plusieurs motifs lui faisaient quitter la France avec répugnance: d'abord le regret de s'éloigner de sa famille pour un temps indéterminé, et ensuite la nécessité d'interrompre le nouvel ouvrage qu'il avait déjà commencé. Les représentations de *l'École des Vieillards* avaient naturellement amené une liaison entre le poète et l'acteur. Talma avait demandé une tragédie à Casimir, qui lui avait communiqué le plan de *Louis XI*. Tous deux étaient pleins d'ardeur pour cette œuvre nouvelle. Casimir y voyait le développement d'un grand caractère, et un tableau de mœurs encore inconnues au théâtre, et Talma répétait souvent qu'il ne trouverait jamais l'occasion de déployer un talent plus profond et plus varié.

Lorsque les médecins ordonnèrent le voyage d'Italie, le premier acte était terminé, quoiqu'il ne fût pas écrit. Casimir avait un mode de travail qui lui était particulier. Quand, après de longues méditations, il avait arrêté un plan d'une manière définitive, il l'écrivait; mais ensuite il composait son ouvrage entier sans en écrire un seul mot. Lorsqu'un acte était fini, il me le récitait; si je lui adressais quelques observations critiques, il faisait des corrections; et, par une disposition singulière de sa mémoire, le vers condamné s'effaçait, et il était remplacé par un vers nouveau, sans qu'il y eût jamais erreur ni confusion. Aussi les manuscrits qui nous restent de lui ne portent-ils presque aucune rature. Je l'engageais souvent à renoncer à une méthode qui me paraissait devoir le fatiguer; mais il me répondait toujours qu'il n'en éprouvait aucun inconvénient, et qu'il y trouvait un grand avantage, celui de pouvoir se représenter à tout moment l'ensemble de son ouvrage, et d'éviter ainsi des répétitions dans les mots et dans les formes du style. Il partit donc pour l'Italie sans avoir écrit, suivant son habitude, le premier acte de *Louis XI*, et il me disait en riant que de cette manière il ne craignait pas de perdre son portefeuille.

Ce voyage fut pour lui une source de jouissances continuelles; personne n'était plus sensible que lui aux beautés de la nature ; il contemplait sans se lasser ces campagnes si admirables et si variées, et goûtait avec ravissement les charmes de ce climat si doux. Sa santé se rétablissait à vue d'œil, il avait recouvré toutes ses forces ; mais, ainsi qu'il l'avait prévu, les distractions dont il était entouré ne lui permettaient pas de s'occuper d'un ouvrage de longue haleine. Il se contenta de composer sur les événements du moment plusieurs Messéniennes, qu'il publia lors de son retour en France, et qui ne sont point inférieures à leurs aînées.

Après une année d'absence, il rentra en France plein d'ardeur et de joie, et cette circonstance me rappelle un mot touchant qui lui fut adressé par le prince dont il avait été si noblement accueilli. Casimir, après avoir embrassé sa famille, s'était empressé de se rendre à Neuilly pour annoncer son retour à M. le duc d'Orléans, qui, en le félicitant sur les heureux résultats de son voyage, l'engagea à passer le reste de la journée au château. Casimir ayant répondu qu'il avait promis à son père de ne le quitter qu'un moment le premier jour de son arrivée : « Vous avez raison, dit le prince avec une bonté toute paternelle : allez retrouver votre père, j'oublie toujours que nous ne sommes que votre seconde famille. »

Pendant son séjour en Italie, Casimir avait appris avec un profond chagrin la nouvelle de la mort de Talma. La perte de ce grand tragédien changea tous ses projets, et à son retour, au lieu de continuer sa tragédie de *Louis XI*, il s'occupa de *la Princesse Aurélie*, comédie en cinq actes, qui fut représentée au Théâtre-Français le 6 mars 1828. Ce fut celui de tous ses ouvrages qui fut accueilli avec le moins de faveur. On rendit justice à un style plein de verve et de grâce, à des plaisanteries fines, délicates et spirituelles; mais l'intrigue sembla trop légère pour cinq actes. Ce défaut, s'il existe réellement, parut d'autant plus sensible qu'à cette époque le drame romantique, qui commençait à se montrer sur la scène, remplaçait le développement des passions par des catastrophes et des événements accumulés, et rendait le public beaucoup plus exigeant sous ce rapport en détruisant le goût d'une simplicité noble et pure.

Lorsqu'il avait parcouru à Venise le palais ducal, Casimir n'avait pu voir sans émotion dans la salle du grand conseil, où sont tous les portraits des doges, le cadre voilé d'un crêpe noir qui porte cette inscription : *Hic est locus Marini Faletro, decapitati pro criminibus.* C'est à l'endroit même où cette sanglante tragédie avait eu lieu qu'il conçut l'idée de la mettre sur le théâtre, et il en termina le plan à Venise. La conception de cet ouvrage est vraiment belle, et l'auteur triompha avec un rare bonheur des difficultés d'un sujet où lord Byron avait complétement échoué, au moins sous le rapport dramatique. Casimir avait lu cette pièce au Théâtre-Français, et le personnage d'Éléna devait être représenté par mademoiselle Mars; mais, quelques difficultés s'étant élevées sur la distribution des autres rôles, la tragédie fut retirée et transportée au théâtre de la Porte-Saint-Martin, où Ligier fut engagé pour jouer le rôle de Faliero.

Cette périlleuse tentative fut couronnée du succès le plus éclatant. Le talent que Ligier déploya dans cette circonstance si importante pour Casimir fit penser à ce dernier qu'il avait trouvé un digne interprète de Louis XI, et lui donna l'idée de terminer cette tragédie, qu'il regrettait d'avoir laissée si long-temps inachevée. C'est alors qu'il rechercha dans sa mémoire ce premier acte qu'il y avait déposé depuis plusieurs années, et qu'il l'y retrouva tout entier sans aucun effort.

Au moment où il se mettait au travail, il en fut distrait par une affaire grave tout à fait étrangère au théâtre. Quelques années avant cette époque, Fontan, jeune poète, qui depuis a succombé à une mort prématurée, arrivé à Paris avec peu de ressources, était venu trouver Casimir pour réclamer son appui. Celui-ci, après avoir entendu ses vers, où il trouva le germe d'un talent réel, lui donna beaucoup d'encouragements, et réussit à lui faire obtenir dans une administration particulière une place modeste, mais qui le mettait au-dessus du besoin et lui permettait de poursuivre ses travaux. Fontan avait une âme généreuse, une tête ardente, et il était d'une opposition politique très-violente. Il écrivit dans un journal hebdomadaire un article satirique dirigé contre le roi Charles X. Cet article le fit traduire devant les tribunaux et condamner à cinq ans d'emprisonnement. Casimir, qui avait blâmé la violence de l'attaque, fut profondément affligé de la rigueur de la peine. Après sa condamnation, Fontan avait été enfermé, avec plusieurs autres hommes de lettres, dans la prison de Sainte-Pélagie, où il croyait devoir passer cinq années, lorsqu'il en fut subitement arraché, et conduit, en compagnie d'un voleur, dans la maison centrale de Poissy. Dans ce cruel moment, le dernier cri de Fontan fut le nom de Casimir, et celui-ci ne fut pas sourd à cet appel.

Il s'empressa de faire toutes les démarches qui pouvaient adoucir le sort du malheureux prisonnier. Il se rendit d'abord chez M. de Montbel, alors ministre de l'intérieur, lui fit avec énergie un tableau touchant de la position de Fontan, et réclama vivement en sa faveur. Le ministre parut ému, et promit d'intervenir dans cette affaire, mais ajouta que la conclusion dépendait particulièrement de M. Mangin, préfet de police.

Casimir se transporta aussitôt chez M. Mangin. Là, il reçut un accueil beaucoup plus sévère. Le préfet, après l'avoir écouté, lui dit : « Nous sommes forts, monsieur » Delavigne, nous ne craignons rien ; il faut que justice se » fasse. » — « C'est précisément parce que vous êtes forts, » lui répondit Casimir, que vous pouvez vous montrer hu- » mains, ou justes plutôt, en ne confondant pas un homme » de lettres avec des escrocs et des voleurs. » Mais, malgré tous ses efforts, il ne put rien obtenir. Quelques mois après, la révolution de juillet prouva combien était factice la force sur laquelle ce magistrat croyait pouvoir s'appuyer.

La première nouvelle de ces grands et glorieux événements vint surprendre Casimir à la campagne, où il s'était retiré pour se livrer tout entier à ses travaux. Il se hâta de revenir à Paris, et, immédiatement après son arrivée, s'empressa d'aller à Neuilly rejoindre le prince, dans lequel, au milieu de ces graves circonstances, il voyait l'unique moyen de salut de la France. Ses espérances ne furent pas trompées. M. le duc d'Orléans accepta la lieutenance générale du royaume.

Deux jours après parut dans *le Moniteur* l'ordonnance qui annulait toutes les condamnations prononcées pour délits politiques de la presse. Je n'ai pas besoin de dire avec quel plaisir Casimir lut cette ordonnance, qui rendait à la liberté un grand nombre de ses confrères, et parmi eux celui pour qui il avait fait tant de démarches inutiles.

Déjà il avait improvisé *la Parisienne*, chant national, dont le mérite est dans l'à-propos, et qui fut répété non-seulement par la France, mais par l'Europe entière, et il s'occupait de sa dernière Messénienne, *une Semaine de Paris*, où il développa avec une rare énergie tous les sentiments dont il était animé. Après avoir payé son tribut à cette heureuse révolution, qui rendait à la France tous ses droits méconnus, il reprit le cours de ses travaux, et termina enfin sa tragédie de *Louis XI*, l'ouvrage peut-être le plus profond qui soit sorti de sa plume. Au mois de février 1832, cette pièce fut représentée au Théâtre-Français avec un brillant succès, et depuis s'est maintenue constamment au répertoire.

Vers la fin de 1830, Casimir, pour qui la vie de famille avait tant de charmes, voulut les augmenter encore en contractant un lien que devaient lui rendre doublement cher son caractère naturellement tendre et son goût pour une solitude animée par les épanchements de l'amitié : il épousa mademoiselle Élisa de Courtin, qu'il avait connue en Italie, et pour laquelle il avait conçu un profond attachement, que justifiaient toutes les qualités d'un esprit élevé et d'un cœur digne de comprendre celui qui avait su l'apprécier et le choisir. Bientôt la naissance d'un fils vint rendre leur bonheur complet.

C'est à cette même époque qu'il exprima dans plusieurs chants pleins d'enthousiasme les sentiments que lui faisait éprouver l'héroïque nation polonaise, soutenant alors une lutte désespérée pour la défense de sa liberté. Toutes les fois que retentissait le cri des opprimés, il trouvait un écho dans le cœur de Casimir. Déjà, quelques années auparavant, il avait mêlé sa voix à celle des défenseurs de la Grèce, qui combattait avec autant de courage, mais avec plus de bonheur, pour recouvrer son indépendance. Mais les infortunes des enfants de la Pologne lui inspirèrent une sympathie plus grande encore; il ne pouvait oublier qu'en 1814 ils étaient dans les rangs de nos soldats pour repousser l'invasion étrangère, et il pensait en les défendant acquitter une dette de la patrie. Parmi les vers qu'il publia, on remarqua particulièrement *la Varsovienne*, que les braves Polonais chantèrent plus d'une fois sur le champ de bataille.

Cependant ces divers travaux ne l'empêchaient pas de s'occuper du théâtre. Le tableau des *Enfants d'Édouard*, de son ami Paul Delaroche, lui fit naître la pensée de mettre sur la scène cet épisode si touchant que Shakspeare a seulement indiqué dans *Richard III*. Il se livra avec un plaisir extrême à ce travail; la peinture de l'amitié si naïve de ces deux enfants était pour lui remplie de charmes, aussi son œuvre fut-elle bientôt achevée.

La pièce avait été très-promptement apprise et répétée, lorsque, le jour même de la première représentation, par suite d'un rapport adressé au ministre, et qui faisait craindre qu'elle ne donnât lieu à quelque trouble, un ordre supérieur intervint pour la suspendre. Casimir se résigna avec chagrin à cet ajournement, dont il ne pouvait comprendre le motif; mais les sociétaires de la Comédie-Française, qui fondaient de justes espérances sur cette tragédie, dont la privation en ce moment leur paraissait avoir pour eux les plus graves conséquences, vinrent le trouver, et lui demandèrent avec instance de se rendre auprès du roi, dont la bienveillance pour lui était connue, et de supplier Sa Majesté de faire lever l'interdit qui pesait sur son ouvrage. Casimir céda après avoir fait quelques difficultés, et se rendit aux Tuileries. Le roi l'accueillit avec sa bonté accoutumée, et, après avoir entendu sa demande, lui répondit : « Mon cher » Casimir, ce que vous désirez n'est pas en mon pouvoir ; » je suis roi constitutionnel, mes ministres sont responsa- » bles, je ne puis donc pas dans cette circonstance donner » un ordre, mais je puis exprimer un vœu : allez de ma part » trouver M. Thiers (il était alors ministre de l'intérieur), » et dites-lui que je serai heureux s'il peut vous rendre votre » ouvrage, à la représentation duquel je ne vois aucun » inconvénient. »

Casimir s'empressa de suivre le conseil du roi, et de porter à M. Thiers les paroles bienveillantes de Sa Majesté. Ce ministre le reçut de la manière la plus favorable, et, après une légère discussion, autorisa la représentation des *Enfants d'Édouard,* qui eut lieu le soir même avec un succès complet et sans provoquer le moindre désordre.

A une heure du matin nous étions encore près de lui, et nous le félicitions sur sa nouvelle victoire, lorsqu'un courrier arrivant de Neuilly lui apporta une lettre du roi conçue en ces termes :

« Neuilly, le samedi 18 mai 1833, à minuit.

» J'apprends avec un grand plaisir, mon cher Casimir, » le succès de votre pièce, et je ne veux pas me coucher » sans vous en avoir fait mon compliment. Vous savez com-

» bien j'ai toujours joui de tous ceux que vous avez ob-
» tenus; mais je jouis doublement de celui-ci, et je vous en
» félicite de tout mon cœur. Il vous vaudra une bonne nuit
» et à moi aussi.

» Bonsoir.

» L.-P. »

Casimir ne fut pas surpris de ce nouveau témoignage de bonté, mais il en fut profondément touché. Il y fut d'autant plus sensible que l'esprit de parti cherchait à donner à son ouvrage les interprétations les plus ridicules et les plus contraires aux intentions de l'auteur. J'ai retrouvé dans ses papiers la copie d'une réponse qu'il adressait alors à la lettre d'une personne dont le nom m'est inconnu. Je crois devoir placer ici cette réponse, qui fera connaître en même temps les allégations qu'il s'était cru obligé de repousser et les principes invariables qui ont toujours dirigé sa conduite politique :

« Monsieur,

» Je suis heureux que mon ouvrage ait pu vous intéresser
» un moment; mais, permettez-moi de vous le dire, nous
» ne sommes pas plus d'accord sur le présent que sur le
» passé. Je pense, et le public a été de mon avis, qu'il n'y
» a aucun rapprochement possible entre l'usurpation in-
» contestable que je flétris dans ma tragédie et une révo-
» lution, à laquelle je m'honore d'avoir pris part, qui a été
» faite par l'immense majorité des Français, au nom des lois
» et dans un sentiment de défense légitime. Le contrat une
» fois rompu par celui qui avait juré de le faire respecter,

» le peuple n'a point usurpé les droits du monarque, mais
» il est rentré dans les siens. Souverain après la victoire, il
» a conféré un pouvoir devenu sa conquête au prince dont le
» caractère connu lui offrait le plus de garanties. Le nou-
» veau monarque que la volonté nationale a placé sur un
» trône vacant est donc roi de fait et de droit, roi par la
» grâce du peuple ; et c'est, à mon sens, la seule légiti-
» mité raisonnable aujourd'hui, la seule possible. Elle re-
» pose sur des bases durables : la dignité, la liberté et la
» volonté de tous.

» Je vous devais, monsieur, cette profession de foi pour
» ne pas vous laisser dans l'erreur sur mes sentiments et
» mes principes. Vous voyez qu'ils diffèrent beaucoup des
» vôtres. Je n'en lirai pas moins avec un vif intérêt l'ou-
» vrage que vous avez bien voulu m'envoyer, et je fais pour
» votre conversion politique tous les vœux que vous m'a-
» dressez pour la mienne.

» Recevez, monsieur, etc., etc.

» Casimir Delavigne. »

La santé de Casimir, qui s'était raffermie pendant son voyage en Italie, commençait à s'altérer de nouveau d'une manière très-grave. Il éprouvait fréquemment des douleurs de foie extrêmement violentes. Les médecins ne regardaient pas ce mal comme pouvant attaquer les sources de la vie ; mais le malade n'en éprouvait pas moins des crises tellement vives qu'il se sentait tout à fait hors d'état d'écrire un ouvrage en vers.

Il s'était rendu à La Madeleine, retraite charmante en Normandie, où il passait presque tous les étés, qu'il aimait beaucoup, et que plus tard il vendit avec tant de regret. Là il espérait trouver un peu de soulagement ; et j'avais été passer quelques jours auprès de lui pour tâcher de le distraire. Il ne s'alarmait point sur sa santé ; mais, le travail étant un besoin pour lui, il avait beaucoup de chagrin de se voir inoccupé. Un matin, nous étions assis tous deux dans notre bibliothèque, il me répétait combien il était affligé de ne pouvoir pas composer un ouvrage en vers. — « Eh bien, lui dis-je, si tu ne peux pas faire de vers en » ce moment, essaie une comédie en prose. Tu éprouveras » beaucoup moins de fatigues ; ce travail aura d'ailleurs pour » toi l'intérêt d'une étude nouvelle. » — « Sans doute, me » répondit-il ; mais où trouver un sujet ? » Je lui répliquai que cela n'était peut-être pas aussi difficile qu'il le pensait, qu'il y avait partout des sujets de comédie, et j'ajoutai en riant que j'étais sûr d'en trouver un dans le premier volume qui me tomberait sous la main. Je tournais le dos aux rayons de la bibliothèque. J'y pris un livre au hasard : c'était un volume de l'*Histoire d'Espagne* de Ferreras. Je l'ouvris sur-le-champ, et je lus tout haut le paragraphe suivant, le premier qui frappa mes yeux :

« Le roi don Philippe, voulant réformer les grands abus » qui s'étaient introduits dans le royaume pendant sa longue » absence, convoqua à cet effet les États à Tolède. L'em- » pereur son père lui avait extrêmement recommandé don » Juan d'Autriche, qu'il avait eu, comme je l'ai dit, d'une » dame allemande, et qui était élevé, à Villa-Garcia-de- » Campos, sous l'habit de paysan, sans qu'on lui eût fait » connaître qui il était. Résolu de s'acquitter de cette obli- » gation, le roi partit pour le monastère de La Espina, et

» manda à Louis Quixada de lui amener en ce lieu don
» Juan d'Autriche afin de le reconnaître. Quixada obéit,
» et quelques-uns assurent que le roi s'attendrit à la vue de
» don Juan, en se rappelant la mémoire de son père, et
» lui apprit à qui il devait le jour. »

A l'instant même Casimir m'interrompit en me disant :
« Tu avais raison, il y a là une grande comédie, et une co-
» médie qui doit être amusante. » Il se mit alors à combiner
son plan, et deux jours après il était terminé.

Ce fut au milieu de douleurs presque continuelles qu'il
écrivit cette comédie pleine de verve, de saillies et de gaieté,
et qui lui valut un succès éclatant dans une route qu'il ten-
tait pour la première fois.

La composition d'une pièce en prose avait été pour lui
une sorte de repos. Il voulut profiter d'un intervalle dans
ses douleurs pour revenir à la poésie, qu'il chérissait par-
dessus tout; mais, n'osant s'attaquer encore à un ouvrage
de longue haleine, il composa une tragédie en un acte :
une Famille au temps de Luther, qui ne lui fit pas moins
d'honneur que les grandes compositions qu'il avait déjà
données au théâtre.

Au moment où cette pièce fut représentée, il avait déjà
commencé une œuvre bien plus importante, à laquelle il
donna tous ses soins, et que peut-être il estimait le plus de
tous ses ouvrages, *la Popularité*, comédie en cinq actes et
en vers. « Je voudrais, me disait-il, non-seulement faire
» une comédie remarquable, mais encore une action utile,
» en mettant sous les yeux du spectateur le danger de l'exa-
» gération, même dans les hommes de bonne foi; et, au
» milieu d'une intrigue simple, mais intéressante, offrir en

» quelque sorte la théorie du devoir. » Aucun ouvrage ne lui a coûté plus de travail et de méditations; mais il sut triompher de la gravité du sujet, et le charme du style, l'élévation des pensées, la vérité des caractères, placèrent, dès son apparition, cette comédie au rang de celles qui ne peuvent jamais être oubliées.

Une heureuse circonstance se rattache à la première représentation de cette pièce. Mademoiselle Corneille, petite-fille du grand Corneille, que le défaut de fortune plaçait dans une position extrêmement pénible, avait sollicité et venait d'obtenir un bureau de papier timbré; mais, pour entrer en possession de ce petit emploi, qui devait la mettre au-dessus du besoin, il était indispensable de verser dans le plus bref délai une somme de cinq cents francs de cautionnement. Elle n'avait point cette somme; et comme Casimir lui avait toujours témoigné le plus grand intérêt et avait secondé ses démarches avec ardeur, elle vint le trouver, le matin même de la première représentation de *la Popularité*, pour lui faire connaître l'embarras où elle se trouvait. Casimir s'empressa de la rassurer, et il adressa sur-le-champ à M. le duc d'Orléans, ce prince si universellement aimé, dont la perte fut une calamité publique, une lettre commençant par ces mots : « C'est un soldat qui, le » jour d'une bataille, vient réclamer vos bontés en faveur » de la petite-fille de son général. » Il expliquait ensuite la position et les espérances de mademoiselle Corneille. Le noble prince ne fit pas attendre sa réponse : le jour même, la somme demandée était accordée avec un empressement et une grâce qui doublaient le prix du bienfait. Casimir, en apprenant cette nouvelle, me serra la main et me dit :

« J'étais bien sûr de la réponse, et si je ne réussis pas ce
» soir, j'aurai fait du moins une bonne journée. » La soirée
fut glorieuse, et Casimir put ajouter un triomphe de plus à
tous ceux qui avaient déjà marqué sa brillante carrière.

Il revint alors à la muse tragique. Il aimait beaucoup à
relire une ancienne traduction du *Romancero*; c'est là qu'il
puisa l'idée de *la Fille du Cid*. Cette tragédie était destinée
au Théâtre-Français, et mademoiselle Rachel, pour le talent
de laquelle l'auteur avait une vive sympathie, devait remplir
le rôle principal. Des obstacles indépendants de sa volonté
empêchèrent l'exécution de ce projet, et la pièce fut représentée sur le théâtre de la Renaissance. Elle ne fut pas
moins heureuse que les autres productions de Casimir. Mais
c'était le chant du cygne, car sa dernière tragédie est restée
inachevée. Ne semblait-il pas pressentir sa mort et faire un
retour sur lui-même lorsqu'il écrivait ces vers du Cid :

> « Mes jours sont pleins, Elvire, et bons à moissonner.
> » Dieu, qui me les compta, pouvait moins m'en donner.
> » Les reprendre est son droit; mais si sa faux les touche,
> » Que leur dernier soleil dans la gloire se couche,
> » Tu devras comme moi bénir le moissonneur,
> » La récolte en tombant sera riche d'honneur. »

A partir de ce moment sa santé, déjà si altérée, continua à décliner de la manière la plus alarmante, malgré les
soins empressés du docteur Horteloup, son ami autant que
son médecin, secondé par le docteur Belmas, qui partageait toute son affection et toute sa sollicitude pour le poète
souffrant. Déjà il ne pouvait plus sortir de chez lui; ses distractions se bornaient à des lectures qu'il se faisait faire
par sa femme et sa sœur, et à la société de quelques amis

intimes, qui se réunissaient le soir autour de lui. Je citerai entr'autres MM. Liadières, qui par ses ouvrages avait concouru avec Casimir aux succès du second Théâtre-Français, Boutron, chimiste distingué, qui lui avait donné quelque teinture des sciences physiques ; Émile Seurre, sculpteur, pour qui il avait conçu à Rome une véritable amitié dont les liens s'étaient encore resserrés à Paris.

Dans cet état, déjà si triste, il conservait toute la vigueur de son esprit, toute la fraîcheur de son imagination ; si ses forces physiques diminuaient visiblement, ses forces intellectuelles semblaient augmenter encore. Plusieurs ouvrages l'occupaient à la fois : le premier était *le Conseiller rapporteur*, comédie en trois actes et en prose. Casimir avait toujours beaucoup admiré le dialogue en prose de nos anciens auteurs comiques, Molière, Regnard et Lesage. Il écrivit *le Conseiller rapporteur* pour reproduire, autant qu'il serait en lui, les formes de ce style, dont il aimait l'allure vive et hardie et la piquante originalité. Seulement, pour faire accepter au public ce nouvel essai, il supposa dans un prologue ingénieux que *le Conseiller rapporteur* était une ancienne comédie dont le manuscrit avait été retrouvé par hasard. Il espérait, en se cachant sous ce voile transparent, se faire plus facilement pardonner sa hardiesse. Son attente ne fut pas trompée, et la pièce fut accueillie par un rire et des applaudissements non interrompus. Le second ouvrage dont il s'occupait encore était *Charles VI*, opéra en cinq actes, qu'il écrivait avec moi, pour se délasser de travaux plus graves. Casimir avait toujours été très-sensible au charme de la musique, et lui-même a composé les deux airs qui sont chantés dans la tragédie de *Louis XI* : aussi trouvait-il une heureuse distraction dans la composition de notre œuvre lyrique. Mais celle qui absorbait presque entièrement ses pensées, et à laquelle il donnait tous ses soins quand ses forces le lui permettaient, c'était *Mélusine*, tragédie en cinq actes dans un genre tout à fait nouveau, et dont le sujet pouvait admettre toutes les richesses de la poésie. Lorsque Casimir fut surpris par la mort, quatre actes de cette tragédie étaient terminés, mais malheureusement un acte et demi seulement était écrit.

Ce précieux fragment a été réuni aux poèmes qu'il a composés sur l'Italie. Pendant son voyage, il aimait à recueillir les traditions et les anecdotes qui lui paraissaient peindre le mieux les mœurs et les habitudes du pays qu'il parcourait, et il se plaisait ensuite à écrire sur ces divers sujets des poèmes et des ballades, où la description des lieux venait se mêler heureusement à une action légère et intéressante. Je crois que peu d'ouvrages donnent une idée plus juste de l'Italie que ce recueil si vrai et si varié, et je ne pense pas que Casimir ait jamais déployé un talent plus suave, plus gracieux et quelquefois plus élevé.

Cependant, au milieu de ces occupations qui lui étaient si chères, son mal continuait à faire des progrès rapides. Depuis qu'il avait vendu La Madeleine pour surveiller de plus près l'éducation de son fils, il passait tous les ans la belle saison à Paris. Scribe, qui connaissait son goût pour la campagne et qui espérait qu'il pourrait y trouver quelque soulagement, vint lui offrir sa charmante maison de Montalais. Casimir accepta, alla s'y établir avec sa famille, et trouva encore quelque douceur à y passer trois mois au milieu de nous. Au mois de septembre, un ami, M. de Lopès, l'engagea à venir se fixer chez lui, à Saint-Just, pendant le reste de la belle saison ; et là, malgré ses souffrances, il jouit encore de quelques beaux jours. Mais tous les secours de la médecine, tous les soins de la tendresse la plus empressée ne pouvaient raffermir sa santé détruite ; lui-même commençait à ne plus s'abuser sur sa position, qu'il envisageait avec un grand courage. Lors de son retour à Paris, il sentit qu'il ne pourrait résister à la rigueur de la saison, et il déclara à son médecin qu'il ne voyait plus de chance de salut pour lui qu'en allant chercher un climat plus doux dans le midi de la France. Malgré les conseils du médecin, qui craignait pour lui les suites d'un si long voyage dans l'état de faiblesse où il se trouvait, il se détermina à partir, et, comme il ne voulait être accompagné que de sa femme et de son fils, il ne me permit de le conduire que jusqu'à Orléans.

Il quitta Paris le 2 décembre 1843, et soutint assez heureusement la fatigue des premiers jours ; mais il avait plus de courage que de force, et, en arrivant à Lyon, il fut obligé de s'arrêter. C'est en vain qu'il lutta avec énergie contre le mal, il fallut céder. Conservant dans sa faiblesse toute sa présence d'esprit, il ne pouvait plus s'abuser lui-même ; mais il cherchait à rassurer sa femme, en lui répétant qu'il serait en état de partir le lendemain. Une heure avant de succomber, il se faisait lire encore *Guy Mannering* de Walter Scott, et sa femme, par une préoccupation trop naturelle dans ces tristes moments, ayant passé une ou deux lignes, il la pria de recommencer en lui faisant remarquer doucement qu'elle s'était trompée. Cependant quelques minutes après, c'était le 11 décembre, à neuf heures du soir, il parut cesser d'écouter la lecture, et, posant sa tête sur sa main, murmura quelques vers à demi-voix ; puis, se laissant doucement retomber sur son oreiller, il sembla s'endormir ; mais il ne devait plus se réveiller. C'est ainsi que s'éteignit, dans toute la force de l'âge et du talent, cet homme aussi rare par les nobles qualités de son cœur que par l'élévation de son génie.

Je ne parlerai point de la douleur de sa femme et de sa famille, mais je dirai que cette douleur trouva un écho dans tous les cœurs. La perte de Casimir excita des regrets universels. On vit se presser aux funérailles du poète tout ce que Paris renfermait de plus distingué dans tous les genres et dans tous les rangs. M. le comte de Montalivet, M. Victor Hugo, M. Frédéric Soulié, M. Tissot, M. Samson, de la Comédie-Française, enfin M. Ostrowski au nom de la Pologne, prononcèrent d'éloquents discours sur sa tombe. Le roi ordonna que son portrait et son buste seraient placés dans les galeries de Versailles ; le Havre, son pays natal, décida que son nom serait donné à l'un des quais, et qu'une statue lui serait élevée sur une des places de la ville, et MM. les sociétaires de la Comédie-Française arrêtèrent en assemblée générale que son buste serait placé dans leur foyer, au milieu des images de tous les grands hommes qui ont illustré le théâtre. Tels sont les honneurs dont fut entourée la tombe de Casimir Delavigne, qui laisse pour héritage à son fils un nom glorieux et sans tache, ses ouvrages comme monuments de son génie, et, comme exemple, sa vie si pure et si bien remplie.

G. Delavigne.

DERNIERS CHANTS.

LA BRIGANTINE.

BALLADE.

A bord de la Madone.

La brigantine
Qui va tourner
Roule et s'incline
Pour m'entraîner.

LA BRIGANTINE.

O Vierge Marie,
Pour moi priez Dieu!
Adieu, patrie!
Provence, adieu!

Mon pauvre père
Verra souvent
Pâlir ma mère
Au bruit du vent.

O Vierge Marie,
Pour moi priez Dieu!
Adieu, patrie!
Mon père, adieu!

La vieille Hélène
Se confira
Dans sa neuvaine,
Et dormira.

LA BRIGANTINE.

O Vierge Marie,
Pour moi priez Dieu!
 Adieu, patrie!
 Hélène, adieu!

Ma sœur se lève,
Et dit déjà :
« J'ai fait un rêve :
» Il reviendra. »

O Vierge Marie,
Pour moi priez Dieu!
 Adieu, patrie!
 Ma sœur, adieu!

De mon Isaure
Le mouchoir blanc
S'agite encore
En m'appelant.

LA BRIGANTINE.

O Vierge Marie,
Pour moi priez Dieu!
Adieu, patrie!
Isaure, adieu!

Brise ennemie,
Pourquoi souffler,
Quand mon amie
Veut me parler?

O Vierge Marie,
Pour moi priez Dieu!
Adieu, patrie!
Bonheur, adieu!

PIÉTRO.

BALLADE.

Naples.

« Le flot grossit, le ciel est noir :
Piétro, pourquoi partir ce soir ?
  Lui dit sa mère :
L'an dernier, j'eus beau l'avertir,

Ton frère aussi voulut partir,
.Ton pauvre frère! »

Piétro, montant
Sur la nacelle
Qui fuit loin d'elle,
Dit en partant :
« Nanna m'appelle :
Elle est si belle!
Je l'aime tant! »

La mauve blanche, au cri plaintif,
Disait, en volant sur l'esquif,
« Pêcheur, arrête!
Le nid qui m'avait tant coûté
De ce roc vient d'être emporté
Par la tempête! »

Piétro, luttant
Avec courage

PIÉTRO.

Contre l'orage,
Allait chantant :
« Nanna m'appelle :
Elle est si belle !
Je l'aime tant ! »

Un sourd murmure au bruit des flots
De temps en temps mêlait ces mots :
« Piétro, mon frère,
Avant que ton heure ait sonné,
Pour l'âme de ton frère aîné,
Une prière ! »

Piétro pourtant
Croit se méprendre,
Et, sans l'entendre,
Il va chantant :
« Nanna m'appelle :
Elle est si belle !
Je l'aime tant ! »

Il approchait, quand sur les bords
L'airain funèbre, qui des morts
Sonnait l'antienne,
Murmura : « Chrétien sans pitié
Pour l'âme qui t'a supplié,
Songe à la tienne! »

Piétro, sautant
Sur le rivage,
Rit du présage,
Et va chantant :
« Nanna m'appelle :
Elle est si belle!
Je l'aime tant! »

Il courait près d'elle à Méta ;
Un cortége en deuil l'arrêta
Sous la tourelle.
— « Pour qui donc priez-vous, pêcheurs? »
Un d'eux, en essuyant ses pleurs,
Dit :— « C'est pour elle! »

PIÉTRO.

Piétro l'entend,
Pâlit, soupire,
Et puis expire
En répétant :
« Nanna m'appelle :
Elle est si belle!
Je l'aime tant! »

LA BALLERINE.

POEME.

(LES DEUX PREMIERS CHANTS.)

Ce poème devait se composer de six chants; mais, au moment de la mort de l'auteur, les deux premiers seuls étaient terminés.

CHANT PREMIER.

NICE.

Naples.

Engagez qui vous plaira
Pour danser la tarentelle !
Je suis un enfant, dit-elle ;
Mais cet enfant grandira.

Quand ma sœur court sur la plage,
Les pêcheurs suivent ses pas.

Moi je cours toute seule, et l'on ne me suit pas ;
Mais bientôt j'aurai son âge,
Et pour d'autres baisers que pour ceux du soleil,
Bientôt le hâle vermeil
Fleurira sur mon visage.

Engagez qui vous plaira
Pour danser la tarentelle !
Je suis un enfant, dit-elle ;
Mais cet enfant grandira.

Je ne me plains de personne ;
Jamais dans notre verger
Je ne vois les essaims sur la fleur voltiger,
Si le bouton l'emprisonne ;
Mais, au soleil d'avril, lorsque des myrtes verts
Les boutons blancs sont ouverts,
Autour d'eux l'essaim bourdonne.

Engagez qui vous plaira
Pour danser la tarentelle !

CHANT I.

Je suis un enfant, dit-elle;
Mais cet enfant grandira.

Quand, sous son écorce tendre,
La grenade jeune encor
Ne tente pas les mains par sa couronne d'or,
A l'arbre on la laisse attendre ;
Mais, sur ses grains vermeils appelant le larcin,
Quand l'été gonfle son sein,
C'est à qui voudra la prendre.

Engagez qui vous plaira
Pour danser la tarentelle !
Je suis un enfant, dit-elle;
Mais cet enfant grandira.

J'ai rompu sur les rocailles
Un filet ces jours derniers,
Et Beppo, le pêcheur, n'a de ses prisonniers
Retrouvé que les écailles.

« Patience ! a-t-il dit, quand l'automne viendra,
» Nice en baisers me paîra
» Ce qu'elle a rompu de mailles. »

Engagez qui vous plaira
Pour danser la tarentelle !
Je suis un enfant, dit-elle ;
Mais cet enfant grandira.

Seule, hier, j'étais venue
Me baigner à Nisita ;
D'une herbe qu'à mes pieds le flot des mers jeta,
J'entourai ma jambe nue.
L'an passé, sans effort l'herbe eût suffi, je crois,
Pour se joindre sous mes doigts ;
Hier, elle s'est rompue.

Engagez qui vous plaira
Pour danser la tarentelle !
Je suis un enfant, dit-elle ;
Mais cet enfant grandira.

CHANT I.

J'ai, de ma coupe d'ébène,
Couvert mon sein l'autre jour :
Il n'a pu, je l'avoue, en remplir le contour ;
Mais il s'en fallait à peine.
Laissez au Vomero les orangers grandir,
Leurs fruits dorés s'arrondir,
Et la coupe sera pleine.

Engagez qui vous plaira
Pour danser la tarentelle !
Je suis un enfant, dit-elle ;
Mais cet enfant grandira.

Je sais que j'ai les dents blanches,
Les pieds mignons et l'œil noir ;
J'ai les bras si jolis que ma sœur, pour les voir,
Relève souvent mes manches.
Vienne la Saint Janvier, et j'aurai, si je veux,
Sur mes pas plus d'amoureux
Que les ans n'ont de dimanches.

LA BALLERINE.

Engagez qui vous plaira
Pour danser la tarentelle !
Je suis un enfant, dit-elle ;
Mais cet enfant grandira.

CHANT DEUXIÈME.

LA BALLERINE.

Nice, qui poursuivait l'hirondelle marine,
 En folâtrant au bord de l'eau,
Danse, règne au théâtre, et c'est la ballerine
 Qui fait fureur à San-Carlo.

Nice, qui dans les flots se mirait sur la plage
 Avec des fleurs pour ornements,
Voit le cristal poli réfléchir son image
 Rayonnante de diamants.

Nice, qui n'était pas même la fantaisie
  Du dernier pêcheur d'alentour,
Nice traîne à son char noblesse et bourgeoisie,
  Et n'a souci de leur amour.

Ses pieds, qui s'enfuyant devant la blanche écume
  Couraient tout nus soir et matin,
Souples comme le jonc, légers comme la plume,
  Sont prisonniers dans du satin.

Elle, dont les baisers se perdaient dans la brise,
  Offerts à tous sans intérêt,
N'en donnerait pas un pour tout l'or de l'église,
  Quand un cardinal l'en prîrait.

Pour un écrin, naguère, elle a cédé sans peine
  Aux vœux de plus d'un baronnet;
Elle a cédé pour moins, oui, pour voir sur la scène
  Son nom voler dans un sonnet;

CHANT II.

Pour voir les andalous de l'envoyé d'Espagne
    Piaffer devant son palais;
Pour sentir sous ses doigts pétiller le champagne,
    A bord de l'amiral anglais.

La folle a ruiné jusqu'à ce juif lui-même,
    Pour venger le monde chrétien;
Elle en riait alors, mais maintenant elle aime,
    Elle donne et ne vend plus rien.

Que donne-t-elle encor? de l'espoir, des promesses;
    Car l'amant qui sut la charmer
N'en peut pas obtenir une de ces caresses
    Qu'elle prodiguait sans aimer.

Duc de San-Severo, ton fils, qu'elle idolâtre,
    Languit enchaîné sous sa loi;
Il se dit chaque soir, penché vers le théâtre:
    « Elle ne danse que pour moi. »

Prends garde, noble duc : aux yeux de Naple entière,
Qui blâme un amour scandaleux,
Il marche, tête nue, auprès de sa litière,
Dont elle ouvre les rideaux bleus.

Quand il veut de ses dons combler celle qu'il aime,
Elle répond à son vainqueur :
« Ne m'avez-vous pas fait, en vous donnant vous-même,
» Le seul présent selon mon cœur? »

Ton fils, qui croit encor dans sa reconnaissance
Ne s'être pas assez donné,
Lui proposait hier un anneau d'alliance
Dans l'église del Carminé.

Pourtant elle résiste ; est-ce calcul en elle?
Non, pourquoi la calomnier?
Est-ce crainte? encor moins. C'est donc ce qu'on appelle
Un miracle de saint Janvier.

CHANT II.

Saint Janvier, tous les ans, peut, selon sa coutume,
    Du fond d'un caveau sépulcral,
Ordonner à son sang, qui se couvre d'écume,
    De bouillonner dans le cristal.

Sur sa base ébranlée il peut rasseoir la terre,
    Du golfe apaiser l'ouragan,
Dire aux torrents de feu vomis par le cratère :
    « Glacez-vous au pied du volcan ! »

Mais qu'une des beautés dont la robe légère
    Flotte le soir à l'Opéra,
Sans devenir dévote, à vingt ans soit sévère,
    Pape ni saint ne le fera.

Je vous l'ai dit, elle aime; elle aime, et cette flamme
    A la pureté d'un beau jour :
Le véritable amour est entré dans son âme,
    Et la pudeur avec l'amour.

Public, battez des mains, dites que Nice est belle,
Criez que rien n'est si charmant :
Elle est plus que charmante, elle est plus que fidèle;
Elle est chaste avec son amant.

Noble Laurintina, vous qui de votre loge
Regardez Nice avec pitié,
Pourrais-je en dire autant, duchesse, à votre éloge,
En ne mentant que de moitié ?

LA GROTTE DU CHIEN.

BALLADE.

Naples.

Et le chien tantôt se dresse,
Tantôt se couche à demi ;
Puis doucement le caresse,
Car un maître est un ami.

L'œil morne, le teint blême et la tête abattue,
Le maître de ce chien, le vieux Nicolino,
Nous guidait sur les bords du lac noir d'Agnano
Vers la grotte où s'exhale une vapeur qui tue.
Stello, vieux comme lui, mais jeune de gaîté,
Foulait d'un pied joyeux ce bord inhabité.
Courant en étourdi, sautant, jappant sans cause,
Il vient heurter le guide et c'est pour son malheur;
Le bâton, sans pitié, de ce vieillard morose
Change son cri de joie en un cri de douleur;

  Et sous la main qui le blesse,
  Le chien se couche à demi;
  Puis pour la lécher se dresse,
  Car un maître est un ami.

« C'est ici, mes seigneurs! » et dans l'antre qui fume,
Il a plongé Stello, qui ne résiste pas.
Le chien sous la vapeur chancelle au premier pas;
Son poil se dresse, il tombe, il frissonne, il écume.
« Oh! l'horrible torture! assez, vieillard!... » mais lui
N'obéit qu'à la longue et comme avec ennui,

Et voyant vers la terre, où renaît le malade,
Nos regards attendris tristement s'abaisser :
« Que je l'aime, dit-il, ce bon vieux camarade !
Avant qu'il soit une heure il va recommencer. »

 Et le chien, qui de faiblesse
  N'ouvre les yeux qu'à demi,
 Des yeux pourtant le caresse ;
  Car un maître est un ami.

Chacun jette un carlin dans le chapeau du pâtre,
Dont le front incliné pour nous s'est découvert ;
Et nous suivons la rive où le châtaignier vert
Autour des flots dormants monte en amphithéâtre.
Soudain Nicolino nous arrête en chemin ;
Humble, la voix dolente, et nous tendant la main,
« Une piastre ! dit-il, le voilà plein de vie,
Assez fort pour lutter et pour long-temps souffrir ;
Voulez-vous, mes seigneurs, vous en passer l'envie ?
Une piastre de plus, je le ferai mourir. »

LA GROTTE DU CHIEN.

Et le vieux chien, qu'il caresse,
D'un doux transport a frémi;
Puis pour le lécher se dresse,
Car un maître est un ami.

MEMMO.

POEME.

CHANT PREMIER.

LE CHEVRIER.

Terracine.

Chaque jour sur ce roc mon amour me ramène ;
Chaque jour, les pieds nus et le front découvert,
J'arrive, haletant, jusqu'au sommet désert,
D'où je vois l'olivier qui borne ton domaine.
J'y reste sous l'azur d'un ciel étincelant ;
Sous l'ardeur du midi j'y tombe, et mon envie

Est d'y tomber en exhalant
Le dernier souffle de ma vie.

Je t'aime, Adda, je meurs pour toi;
N'auras-tu pas pitié de moi?

Je t'aime avec terreur, ô belle entre les belles!
Accouru pour te voir, je fuis à ton abord;
Te parler, c'est ma vie; et le froid de la mort
Vient me glacer la voix si de loin tu m'appelles.
Quand, muet devant toi, je me sens défaillir,
Tu fais de ma pâleur un jeu pour tes compagnes.
Pourtant j'étouffai sans pâlir
Une louve dans les montagnes.

Je t'aime, Adda, je meurs pour toi;
N'auras-tu pas pitié de moi?

Jaloux, je porte envie à ta sœur qui sommeille
Sur ta couche, où son bras t'enlace avec amour,

Qui respire ton souffle, et qui baise à son tour
Le rosaire pressé par ta bouche vermeille.
Jaloux, lorsqu'un enfant que tu veux embrasser,
En détournant son front, contre toi se dépite,
    L'air me brûle, et j'y sens passer
    Tes baisers perdus qu'il évite.

    Je t'aime, Adda, je meurs pour toi ;
    N'auras-tu pas pitié de moi ?

Si je rêve de toi, le feu court dans mes veines ;
Je m'éveille, et mon œil t'admire où tu n'es pas ;
Je couvre de mes pleurs, je serre dans mes bras
Ta vaine image en proie à mes caresses vaines.
Ma bouche, qui te cherche et tremble de désir,
Irrite en s'abusant l'ardeur qui me dévore,
    Et s'entr'ouvre pour ressaisir
    Un bonheur qu'elle rêve encore.

    Je t'aime, Adda, je meurs pour toi ;
    N'auras-tu pas pitié de moi ?

Je suis pauvre, il est vrai; mais aucun sacrifice
Ne pourrait de mon cœur lasser le dévouement.
Pour toi je plongerais dans un gouffre écumant,
Et j'oserais pour toi franchir ce précipice.
Si tu voulais mon sang, moi, qui te suis partout,
J'irais, pour te l'offrir, tomber sur ton passage :
  Le plus riche, en te donnant tout,
  Peut-il te donner davantage?

  Je t'aime, Adda, je meurs pour toi ;
  N'auras-tu pas pitié de moi?

Parle, je n'ai qu'un bien, c'est cette croix d'ébène :
A ta porte, ce soir, je cours la déposer.
J'ai ma guitare encor; parle, et je vais briser
Ces cordes dont les sons répondaient à ma peine.
Mon chien, c'est mon ami : je serai son bourreau;
Ah! parle, et je tûrai, malgré notre misère,
  La seule chèvre du troupeau
  Qui de son lait nourrit ma mère.

CHANT 1.

Je t'aime, Adda, je meurs pour toi ;
N'auras-tu pas pitié de moi ?

Mais de tes cruautés à plaisir tu m'accables.
Eh bien ! j'irai dans l'ombre épier ton retour ;
Tu deviendras ma proie, ingrate, et mon amour,
Mes caresses pour toi seront impitoyables ;
Et je veux le goûter, ce bonheur inhumain,
Et t'en désespérer, et m'en lasser moi-même,
  Et te dire le lendemain :
  Adda, ce n'est plus vous que j'aime !

  Non, mon Adda, je meurs pour toi ;
  N'auras-tu pas pitié de moi ?

Je meurs, tu l'as voulu : la force m'abandonne ;
Mes yeux, las de s'ouvrir, sont brûlés par mes pleurs ;
Je respire la mort dans le parfum des fleurs ;
Sous les feux de l'été mon corps tremblant frissonne.
Du moins, quand devant toi passera mon cercueil,
Pour cacher ton mépris détournant le visage,

MEMMO.

Ne ris pas de ma mère en deuil,
Qui te dira : C'est votre ouvrage !

Adda, je serai mort pour toi ;
N'auras-tu pas pitié de moi ?

CHANT DEUXIÈME.

ADDA.

Va, chevrier, dans les campagnes
Chanter de buissons en buissons ;
Jamais fille de nos montagnes
Ne se donna pour des chansons.

Tu sais si ma mère était belle !
Quand elle passe, chacun dit :

« Voyez, c'est Térésa, c'est celle
Qui fut la femme d'un bandit! »
Mais ce bandit, c'était un homme :
Son nom faisait pâlir d'effroi
Tous les carabiniers de Rome ;
Et ton chien seul a peur de toi.

Va, chevrier, dans les campagnes
Chanter de buissons en buissons;
Jamais fille de nos montagnes
Ne se donna pour des chansons.

Bon Memmo, tu ne hais personne,
Et tu n'en veux qu'aux fleurs des bois.
Tu crains pour l'oiseau qui frissonne
En se débattant sous tes doigts.
Un brave, à l'affût sur ces grèves,
Tire, et dort quand il s'est vengé ;
Mais toi, tu fais de mauvais rêves
Si tes chevreaux n'ont pas mangé.

CHANT II.

Va, chevrier, dans les campagnes
Chanter de buissons en buissons ;
Jamais fille de nos montagnes
Ne se donna pour des chansons.

La guitare napolitaine,
Memmo, te sied bien en dansant ;
Mais qui t'a vu dans la fontaine
Laver tes bras couverts de sang ?
Tes jours sont doux, tes nuits sont sages ;
Et si tu t'es rougi la main,
C'est aux fruits des mûriers sauvages
Que tu pillais sur ton chemin.

Va, chevrier, dans les campagnes
Chanter de buissons en buissons ;
Jamais fille de nos montagnes
Ne se donna pour des chansons.

Dans les gorges de Terracine,
Où mon père fut mis en croix,

De ton genou sur sa poitrine
Quel mourant a senti le poids?
Mes lèvres tremblaient de colère
Quand je te contai, l'autre jour,
Comment ils ont tué mon père,
Et toi tu m'as parlé d'amour!...

Va, chevrier, dans les campagnes
Chanter de buissons en buissons;
Jamais fille de nos montagnes
Ne se donna pour des chansons.

Pourtant tu me plais, quand la brise
Joue avec tes cheveux châtains;
De ta force je fus surprise,
Quand dans tes bras tu me retins;
Empreint d'un désespoir qui touche,
Ton regard faillit m'émouvoir;
Mais le dédain manque à ta bouche,
Et la colère à ton œil noir.

CHANT II.

Va, chevrier, dans les campagnes
Chanter de buissons en buissons ;
Jamais fille de nos montagnes
Ne se donna pour des chansons.

A minuit, près de la cascade
Où j'ai vu mon père aux aguets,
Qu'ils sont doux dans une embuscade
D'un bandit les baisers muets !
Sur ses genoux, sous son haleine,
Dans ses bras... Memmo, quelle nuit !
Mais ta vieille mère est en peine
Quand tu reviens après minuit.

Va, chevrier, dans les campagnes
Chanter de buissons en buissons ;
Jamais fille de nos montagnes
Ne se donna pour des chansons.

Le ciel est noir, la nuit profonde ;
Écoute, et comprends si tu veux :

Les trois soldats, qui font la ronde,
Vont passer dans le chemin creux.
Adieu, si la terreur te glace!
A revoir, si tu suis leurs pas!
Qu'un des trois reste sur la place,
Demain je ne te dirai pas :

Va, chevrier, dans les campagnes
Chanter de buissons en buissons ;
Jamais fille de nos montagnes
Ne se donna pour des chansons.

CHANT TROISIÈME.

LES PRÉSAGES.

Adda berçait son enfant dans ses bras,
   Et Memmo ne revenait pas.

   « — Mère, entre Rome et Terracine
   Que fait mon père, chaque nuit?
   L'air des marais tue à minuit,
   Et sur la route on assassine.

Mon Dieu! quand donc viendra le jour?
Mère, prions : j'ai peur, ma mère!
— Dors, cher petit; dors, mon amour,
Et sois brave comme ton père!

» — Dans les grands pins le vent murmure
Comme la nuit de Saint-Médard.
Quelle nuit! il revint si tard!
Elle saignait tant sa blessure!
Mon Dieu! quand donc viendra le jour?
Mère, prions : j'ai peur, ma mère!
— Dors, cher petit; dors, mon amour,
Et sois brave comme ton père!

» — On a frappé! c'est lui peut-être...
Non; des morts c'est l'oiseau hideux
Qui nous a regardés tous deux,
En volant contre la fenêtre.
Mon Dieu! quand donc viendra le jour?
Mère, prions : j'ai peur, ma mère!
— Dors, cher petit; dors, mon amour,
Et sois brave comme ton père!

CHANT III.

» — J'entends hurler dans les ténèbres
Les deux chiens noirs du vieux berger :
Quelqu'un, dit-il, est en danger
Lorsqu'ils poussent ces cris funèbres.
Mon Dieu! quand donc viendra le jour?
Mère, prions : j'ai peur, ma mère!
— Dors, cher petit; dors, mon amour,
Et sois brave comme ton père!

» — Malheur! malheur!... Vois-tu le cierge
Que mon père avait allumé?
Avant de s'être consumé,
Il s'éteint aux pieds de la Vierge!
Mon Dieu! quand donc viendra le jour?
Mère, prions : j'ai peur, ma mère!
— Dors, cher petit; dors, mon amour,
Et sois brave comme ton père!

» — On a tiré sur la colline :
Trois coups dans l'ombre ont retenti.
D'où vient qu'au second j'ai senti
Passer du froid dans ma poitrine?

Mon Dieu! quand donc viendra le jour?
Mère, prions : j'ai peur, ma mère!
— Dors, cher petit; dors, mon amour,
Et sois brave comme ton père!

» — C'est le cri d'un homme en détresse!..
Écoute, écoute!... Ils le tûront.
J'ai peur : écarte de mon front
Ce bras glacé qui me caresse!
Mon Dieu! quand donc viendra le jour?
Mère, prions : j'ai peur, ma mère!
— Dors, cher petit; dors, mon amour,
Et sois brave comme ton père! »

Le pauvre enfant s'endormit dans ses bras;
Pourtant Memmo ne revint pas.

CHANT QUATRIÈME.

LA MORT DU BANDIT.

Trente écus d'or aux brigadiers romains !
Il est tombé près des marais Pontins,
Ce fier Memmo : le voilà sans haleine,
Défaillant, pâle, adossé contre un chêne
     Des Apennins.
La mort attend ; mais si la proie est belle,
Pour la saisir il lui faut des efforts,

Et l'âme est sourde à sa voix qui l'appelle ;
Il faut du temps pour chasser d'un tel corps
      L'âme rebelle.

Près d'un vieux mur, tombeau de Cicéron,
Ils ont porté leur vaillant compagnon ;
Car du Vésuve à la route Appienne,
Il n'est tombeau, villa qui n'appartienne
      A Cicéron.
Douze bandits dans ta demeure sombre,
La torche en main, implorant le Seigneur,
Pour ce bandit couché sur un décombre ;
O Tullius ! ces hôtes font honneur
      A ta grande ombre !

Penché sur lui, du front inanimé
L'un approchait le sapin enflammé ;
Creusant la fosse et dévorant ses larmes,
L'autre disait : « De ses compagnons d'armes
      Il fut aimé.
Un cardinal ne l'est pas davantage

CHANT IV.

Par les neveux dont il meurt assisté.
Qu'il était beau dans l'ardeur du pillage,
L'homme de bien! et que de probité
    Dans un partage!

» D'un buis sacré, chaque printemps nouveau,
Pâque fleurie ombrageait son chapeau;
Au coin d'un bois, jamais durant l'octave,
Jamais à l'œuvre on n'aurait vu ce brave
    Sans son rameau.
Prêtres, laïcs, voyageaient à leur guise,
Hors les Anglais, tous obtenaient merci;
Mais l'hérétique était de bonne prise.
Fêtez donc Pâque, et pour mourir ainsi,
    Servez l'Église! »

Memmo s'agite; il vous parle: écoutez!...
Sa voix s'éteint; ses bras ensanglantés,
Ses larges mains cherchent sous la bruyère
Un vieux mousquet couché dans la poussière
    A ses côtés.

C'est son ami, son défenseur fidèle;
Il le regarde, et, prêt à défaillir,
Sur la détente à ses efforts rebelle,
Son doigt glacé se courbe, et fait jaillir
  Une étincelle.

« Bien! bien! dit-il, tu reconnais celui
Qui fut ton maître!... adieu, c'est fait de lui!
Humide encor du sang de ma blessure,
Pour me venger, dans une main plus sûre
  Passe aujourd'hui.
Ce Gaëtan qui m'est venu surprendre,
Tu me le dois : feu sur mon meurtrier!
Dans cette fosse, où mon corps va descendre,
Avant trois jours il faut me l'envoyer,
  Je vais l'attendre. »

Un moine alors, l'air doux et l'œil fervent,
Suivait sa route et marchait en rêvant
Au saint emploi des dons que les fidèles

CHANT IV.

Avaient remis dans ses mains paternelles
Pour son couvent.
Avec respect on s'incline; on l'arrête.
Il s'approcha, guidé par un bandit,
Sans résister, sans relever la tête,
Et pas à pas, de peur qu'on n'entendît
Sonner sa quête.

Il fit tout bas plus d'un acte de foi :
On pense à Dieu quand on tremble pour soi.
Memmo lui dit : « Votre heure est arrivée,
Si par vos soins mon âme n'est sauvée :
Confessez-moi.
Là-haut, mon père, il faut que je réponde
De bien du sang répandu sans remords. »
Humble et saisi d'une terreur profonde,
Le prêtre dit : « Mon fils, qui n'a ses torts
Dans ce bas monde? »

A chaque meurtre, avec recueillement,
Tous les bandits se signaient tristement.

4.

Memmo reprit : « Au nom de la Madone
Et du Sauveur, voici ce que je donne
    Par testament :
A mon Adda, qui pour moi fut si tendre,
Tous mes joyaux; ma croix d'or au saint lieu;
Cette arme à toi pour réjouir ma cendre;
Ma bourse au prêtre; enfin mon âme à Dieu,
    S'il veut la prendre. »

Force fut bien au prêtre épouvanté
De le bénir quand il eut accepté.
Adda survient, et son fils avec elle.
Dans ses yeux noirs, où l'éclair étincelle,
    Que de fierté !
« Mort ! mort ! dit-elle : amis, du moins j'espère
Que l'ennemi ne l'a pas vu fuyant ? »
« Non ! » cria-t-il, se dressant de colère...
Et, pour l'enfant, il pleurait en voyant
    Pleurer sa mère.

Memmo touchait à son dernier moment,
Et son Adda lui parlait doucement,

Puis l'embrassait, puis de ses tresses blondes
Elle essuyait les blessures profondes
  De son amant.
Lui, sur un bras se relève et soupire.
Ses dents déjà, malgré lui se heurtant,
Par un bruit sourd trahissaient son martyre.
Penché sur elle, il lui sourit pourtant :
  Mais quel sourire !...

« Adieu, dit-il, adieu! Séparons-nous
Comme le soir d'un jour de rendez-vous.
Te souvient-il, ô ma belle compagne,
De ce baiser donné sur la montagne
  Par ton époux ?
Baiser d'amour, baiser de fiançailles!
Il fut plus doux, plus ardent qu'aujourd'hui,
Quand j'étouffai tes cris dans les broussailles.
Un seul encor !... mais glacé... c'est celui
  Des funérailles.

» Adda, ma veuve, il te faut un soutien :
Choisis un brave; et, tous deux, aimez bien

Ce pauvre enfant qui me regarde et pleure.
Ainsi que moi, prends soin qu'il vive et meure
  En bon chrétien.
Treize ans venus, qu'au maître-autel du temple
Il communie; et, dès le lendemain,
Tu lui diras : « Ton père te contemple;
Ici sa tombe, et là le grand chemin :
  Suis son exemple!... »

Lors commença le bandit pâlissant
A se rouler dans les flots de son sang.
C'était pitié que de voir sa souffrance!
« *Ave!* » dit-il. « *Amen!* » dit l'assistance
  En gémissant.
Sa tête enfin retombe appesantie.
Salves d'adieu, retentissez dans l'air,
Couvrez la voix de son enfant qui crie;
Tonnez, mousquets!... pour le ciel ou l'enfer
  L'âme est partie.

LA TOILETTE

DE CONSTANCE.

BALLADE.

Rome.

« Vite, Anna! vite, au miroir!
Plus vite, Anna! l'heure avance :
Et je vais au bal, ce soir,
Chez l'ambassadeur de France.

» Y pensez-vous? ils sont fanés, ces nœuds;
Ils sont d'hier; mon Dieu! comme tout passe!
Que du réseau qui retient mes cheveux
Les glands d'azur retombent avec grâce.
Plus haut!... plus bas... Vous ne comprenez rien.
Que sur mon front ce saphir étincelle.
Vous me piquez, maladroite!... Ah! c'est bien;
Bien, chère Anna! je t'aime; je suis belle.

» Vite, j'en crois mon miroir,
Et mon cœur bat d'espérance.
Vite, Anna, je vais ce soir
Chez l'ambassadeur de France.

» Celui qu'en vain je voudrais oublier....
Anna, ma robe!... il y sera, j'espère.
Ah! fi, profane! est-ce là mon collier?
Quoi! ces grains d'or bénits par le Saint-Père!...
Il y sera; Dieu! s'il pressait ma main!
En y pensant, à peine je respire.
Frère Anselmo doit m'entendre demain :
Comment ferai-je, Anna, pour tout lui dire?

» Vite! s'il venait me voir,
Il me gronderait d'avance.
Vite, Anna! je vais ce soir
Chez l'ambassadeur de France.

» Quoi de plus doux que ce bruit enivrant,
Que ces clartés dont les feux vous inondent,
Et ces transports qu'on excite en entrant,
Et ces regards qui sur vous se confondent!
Plaisirs trop courts! Anna, pour les sentir,
Suffira-t-il d'une nuit tout entière?
Pressez-vous donc : si je tarde à partir,
Laure avec lui peut danser la première.

» Vite! il brûle de me voir ;
Prends pitié de sa souffrance.
Vite, Anna, je vais ce soir
Chez l'ambassadeur de France.

» Si tu voyais ces groupes se fuyant,
Se rapprochant pour s'éviter encore,

LA TOILETTE

Lorsque la valse emporte en tournoyant
Un couple heureux, qui s'unit, qui s'adore!
C'est comme un rêve où vos sens éperdus,
Vos yeux mourants confondent les images :
La terre fuit sous vos pieds suspendus ;
On croit glisser, voler sur les nuages.

» Vite ! il m'entoure en espoir
De ses bras où je m'élance.
Vite, Anna ! je vais ce soir
Chez l'ambassadeur de France.

» Je suis à vous, mon bon oncle, un instant!
Le cardinal va monter en voiture.
Et mon bouquet que j'oublie en partant!
Viens l'attacher : prends garde à ma ceinture.
Un bal ! un bal ! ce soir je vais au bal...
Anna, pardon si j'ai quitté ma place;
Mais je croyais entendre le signal
Et je dansais : je l'ai vu dans la glace.

» Vite! un coup d'œil au miroir ;
Le dernier !... j'ai l'assurance
Qu'on va m'adorer ce soir
Chez l'ambassadeur de France. »

Près du foyer, Constance s'admirait :
Dieu! sur sa robe il vole une étincelle.
Au feu! courez... Quand l'espoir l'enivrait,
Tout perdre ainsi! Quoi, mourir! et si belle !
L'horrible feu ronge avec volupté
Ses bras, son sein, et l'entoure, et s'élève,
Et, sans pitié, dévore sa beauté,
Ses dix-huit ans, hélas! et son doux rêve.

Adieu bal, plaisir, amour !
On se dit : Pauvre Constance !...
Et l'on dansa jusqu'au jour
Chez l'ambassadeur de France.

UN CONCLAVE.

BALLADE.

Rome.

Taisez-vous, taisez-vous, cloches des quarante heures !
Couvert de l'huile sainte, il retombe, il s'endort,
Et son âme a quitté les terrestres demeures :
    De profundis !... le pape est mort.

A Monte-Cavallo le conclave s'assemble.
Pour repasser le seuil tout effort serait vain :
Le mur sacré s'élève; il emprisonne ensemble
Les prélats dont le choix va faire un souverain.
Leurs fronts se sont courbés devant l'Eucharistie :
Le cardinal-doyen vient de briser l'hostie;
L'esprit de Dieu descend invoqué par ses vœux.
Attentif à la voix qui lit la bulle sainte,
Chacun, en s'inclinant, prend place dans l'enceinte.
D'où vient qu'un siége encore est vide au milieu d'eux?

Taisez-vous, taisez-vous! le conclave commence.
Tout est muet dans Rome; au Vatican tout dort.
Cessez, pieux concerts; cloches, faites silence!
De profundis!... le pape est mort.

Captifs dans ce tombeau, voyez-vous ces fantômes
Sous la robe écarlate et le chapeau romain?
De la terre et du ciel ils portent les royaumes
Dans ce billet plié que renferme leur main

Sans doute l'Éternel inspire leur justice;
Quand le nom préféré tombe au fond du calice.
Parjure à son serment, qui d'entre eux aujourd'hui,
En élevant vers Dieu son suffrage coupable,
Viendrait le déposer dans l'urne vénérable,
Où fume encor le sang que Dieu versa pour lui?

Taisez-vous, taisez-vous! le conclave balance.
Tout est muet dans Rome, au Vatican tout dort.
Cessez, pieux concerts; cloches, faites silence!
 De profundis!... le pape est mort.

Du Christ transfiguré majestueux symbole,
Quel pontife nouveau, planant du haut des airs,
Doit sous le lin sans tache et la triple auréole
Couvrir de ses pardons et Rome et l'Univers?
C'est celui dont les mains s'ouvraient à l'indigence,
Dont le cœur n'a connu ni haine ni vengeance;
Celui qui, chaque soir, au pied du Roi des cieux
Apportait pour offrande un jour irréprochable;

Le plus pur, le plus digne, enfin le plus semblable
Au Rédempteur divin, qu'il doit rendre à nos yeux.

Taisez-vous, taisez-vous, le conclave balance.
Tout est muet dans Rome ; au Vatican tout dort.
Cessez, pieux concerts ; cloches, faites silence !
    De profundis !... le pape est mort.

Mais quoi ! n'ont-ils jamais choisi que le plus digne ?
Consultons, sous ces nefs, ces monuments de deuil :
Près des Pontifes saints, dont la cendre s'indigne,
L'indolence et l'envie ont aussi leur cercueil.
A l'inceste en pleurant ce marbre rend hommage ;
L'orgueil ultramontain dort sous cette humble image ;
Là, le prêtre vendu qui bénit pour de l'or ;
Plus loin, l'ami perfide ou l'ennemi barbare...
Les sept péchés mortels ont porté la tiare :
Lequel choisira-t-on pour la porter encor ?

Taisez-vous, taisez-vous ! le conclave balance.
Tout est muet dans Rome ; au Vatican tout dort.

UN CONCLAVE.

Cessez, pieux concerts; cloches, faites silence!
   De profundis!... le pape est mort.

L'intrigue au milieu d'eux par cent chemins se glisse :
Ce fruit cache un billet dans son sein parfumé;
D'un message interdit l'Évangile est complice;
Dans cette croix d'ébène un autre est renfermé.
En se quittant le soir, sous ce portique sombre
On passe, on fait un signe, on se parle dans l'ombre :
« La France est pour Farnèse. —Oui, mais Vienne?—plus bas...
— Vienne est pour Doria. — Rome a ses droits, sans doute;
Rome est pour Corsini... » Mais Dieu, qui vous écoute,
Il est pour la vertu, dont vous ne parlez pas!

Taisez-vous, taisez-vous! le conclave balance.
Tout est muet dans Rome; au Vatican tout dort.
Cessez, pieux concerts; cloches, faites silence!
   De profundis!... le pape est mort.

Il ne faut qu'un suffrage au cardinal Colonne :
Dans l'urne, où la main plonge, il en reste un dernier;

Ce nom, qui doit donner ou ravir la couronne,
Sous le sceau du conclave est encor prisonnier.
La cire s'est brisée; on va lire : l'attente
Soulève sur leur sein la pourpre haletante.
Est-ce lui?... vain espoir! ils ne l'ont pas voulu;
Et des billets sacrés, que la flamme dévore,
La fumée, en fuyant, vient révéler encore
Qu'après quarante jours aucun d'eux n'est élu.

Taisez-vous, taisez-vous! le conclave balance.
Tout est muet dans Rome; au Vatican tout dort.
Cessez, pieux concerts; cloches, faites silence!
  De profundis!... le pape est mort.

Mais sous la mitre d'or vient un spectre livide,
Dont un lambeau de pourpre atteste aussi les droits.
Il approche, il se signe, il prend la place vide.
Quel est-il?... c'est la mort qui vient donner sa voix.
Sur un d'eux, tour à tour, en inclinant la tête,
Elle attache un œil fixe, et les compte, et s'arrête.
Alors son doigt hideux s'allonge vers celui
Qui, palpitant d'espoir, au poids des ans succombe.

La mort le touche au front, et leur dit : « Dans la tombe,
Le premier de vous tous qui descendra, c'est lui ! »

Sonnez, cloches ; sonnez sur la sainte coupole !
Que le choix des prélats soit par vous proclamé.
Sonnez au Panthéon ! sonnez au Capitole !
Te Deum!... le pape est nommé.

LE PRÊTRE.

POÈME.

CHANT PREMIER.

L'ENFANT DE CHŒUR.

Rome.

Quel saint amour de Dieu l'embrase !
Frère, en passant, ne dites rien ;
De l'enfant de chœur Adrien,
Frère, ne troublez pas l'extase !
Sous ces nefs, toujours le dernier,
A sa muette rêverie

Il s'abandonne tout entier,
Sans penser que la confrérie
Le trouve plus beau quand il prie,
Et rentre pour le voir prier.

Au cœur du jeune cénobite
L'orgueil n'est pas encore éclos ;
Ses vœux ne passent point l'enclos
Du tombeau sacré qu'il habite.
Ici des plaisirs incertains,
Des fausses gloires de la terre
Viennent mourir les bruits lointains,
Et nul souffle mondain n'altère
Ce lis qui fleurit solitaire
Dans le cloître des Célestins.

Du siècle et de ses pompes vaines
Jamais l'appât ne l'a tenté ;
Est-il une autre volupté
Que de murmurer des neuvaines,

D'entonner *laudes* au réveil,
D'aller d'une huile parfumée
Remplir la lampe de vermeil,
Qui brille toujours allumée
Sous la madone bien-aimée
Dont il rêve dans son sommeil?

D'un soin pieux sa main apprête
Les vases brillants de rubis,
L'étole dont le blanc tapis
N'est déployé qu'aux jours de fête.
Il va disputer aux essaims
L'œillet, les jasmins et la rose,
Pour embaumer de ses larcins
Le lin sans tache qu'il dispose
Sous le tabernacle, où repose
La majesté du Saint des saints.

Comment peindre pendant l'office
Son innocente gravité,

LE PRÊTRE.

Quand le vin par lui présenté
Vient rougir l'or pur du calice?
Et quand Dieu descend sur l'autel
Au bruit de la cloche argentine,
Quel recueillement solennel !
Les mains jointes sur sa poitrine,
C'est l'enfant Jésus qui s'incline;
C'est un ange de Raphaël.

Du tribunal de pénitence
Si la grille s'ouvre pour lui,
On dirait que la foudre a lui,
Tant il redoute sa sentence !
Il y confesse à demi-voix
Qu'au sermon du prieur Césaire
Il se fût endormi deux fois,
N'était le bruit de son rosaire,
Que, par pitié pour sa misère,
Dieu fit glisser entre ses doigts.

La rougeur couvre encor sa joue :
Quel crime va-t-il confesser?

CHANT I.

Il a... mais par où commencer?
Doux Jésus, faut-il qu'il l'avoue!...
Il a, sous l'or et le satin
D'une chasuble étincelante,
Scandalisé le sacristain,
En imitant la marche lente,
L'air contrit et la voix dolente
Du révérend frère Augustin.

Souffre-t-il de quelqu'autre peine,
C'est lorsqu'il voit sur le vélin
Les tortures de saint Paulin,
Le repentir de Madeleine...
Son front retombe sans couleurs ;
Et quelle grâce enchanteresse
Dans ses longs cils mouillés de pleurs,
Dans ses yeux bleus que de tristesse,
Quand son cœur se fond de tendresse
Pour la Vierge des Sept-Douleurs!

Parfois quelques bons solitaires,
Chauffant leur vieillesse au soleil,

Inclinent sur son teint vermeil
Leurs barbes presque séculaires ;
Et l'on voit son rire enfantin
Dérider la grave assemblée,
Comme le retour du matin
Égaie une sombre vallée
Où luit sur la blanche gelée
Un rayon de la Saint-Martin.

Il dit au frère abbé, qu'il aime :
« Priez pour ce peuple ingénu,
Qui dans les limbes retenu
N'a pas reçu l'eau du baptême.
Ils sont tristes dans leur bonheur
Comme l'hirondelle exilée ;
Priez, mon père, avec ferveur :
Et leur foule au ciel rappelée
En riant prendra sa volée,
Pour s'abattre aux pieds du Seigneur. »

S'il désire, une fois l'année,
Sortir de ce paisible lieu,

CHANT I.

C'est le jour où la Fête-Dieu
Revient de roses couronnée;
Où son bras, qu'il penche humblement,
Vers la victime triomphante
Élève l'encensoir fumant,
Et des fleurs que la terre enfante
Fait voler la pluie odorante
Sur la croix du Saint-Sacrement.

Ainsi coule dans la retraite
Sa douce vie, et, chaque soir,
Son ange gardien vient s'asseoir
Sous les rideaux de sa couchette.
Il entend l'hymne matinal
Des chérubins, qui sont ses frères,
Au chœur lui donner le signal,
Et croit sentir dans ses prières
Le vent de leurs robes légères
Passer sur son front virginal.

Chérubins, venez en silence,
Venez baiser ses blonds cheveux.

LE PRÊTRE.

Au Seigneur reportez les vœux
De ce cœur qui vers lui s'élance,
Pur comme l'air délicieux
Où l'essaim des anges fidèles
Balance son vol gracieux;
Comme les sources éternelles
De l'onde où vous baignez vos ailes
Dans la Jérusalem des cieux.

CHANT DEUXIÈME.

LE JEUNE PRÊTRE.

Si frais que soit l'abri qui cache leurs trésors,
Le soleil est fatal aux lis de la vallée,
Et sèche promptement leur coupe immaculée
Que l'eau pure du ciel remplissait jusqu'aux bords.
Belle, la fleur n'a plus la beauté reposée,
Le charme virginal qu'elle eut sous la rosée;
Elle brûle, elle souffre, et pourtant on dirait,
Ému par l'abandon de sa tête abattue,

Qu'elle trouve en souffrant un douloureux attrait
A se laisser mourir de l'ardeur qui la tue.

Beaux rêves, paix du cœur, calme divin des sens,
Ainsi vous nous fuyez! ainsi nous est ravie
La candide fraîcheur du matin de la vie,
Quand s'allument les feux de nos désirs naissants.
Mais que ce trouble ardent qui charme et qui dévore
Est, dans sa volupté, plus dévorant encore,
Lorsque le chaste cœur, de sa fièvre agité,
Soulève en palpitant la bure qui l'oppresse,
Et, sans pouvoir le fuir, repousse épouvanté
Le bonheur interdit dont il rêve l'ivresse!

Où sont, frère Adrien, ces jours si doux pour toi,
Ces purs ravissements, ces extases de flamme,
Ces visions du ciel qui noyaient ta jeune âme
Dans des torrents d'amour, d'espérance et de foi?
L'oisiveté te pèse, et le travail t'accable;
Tu te sens des remords, et tu n'es pas coupable;

Tu te laisses surprendre à de vagues douleurs,
Et dans ton regard morne attaché sur la pierre,
Un sombre éclair parfois brille à travers les pleurs
Qui se sèchent de honte au bord de ta paupière.

Tu ne vois plus frémir l'aile du séraphin
Sur ces fleurs, comme toi, dans le cloître captives.
Ces fêtes, qui jadis passaient si fugitives,
Traînent leur pompe sainte en des longueurs sans fin.
Ces chants dont l'harmonie a charmé ton oreille,
Ils reviendront demain les mêmes que la veille,
Puis demain, puis sans cesse, et chaque instant nouveau
De chaque jour, que suit un jour plus monotone,
Goutte à goutte, pour toi, coulera comme l'eau
Qui tombe et tombe encor d'un pâle ciel d'automne.

Que te manque-t-il donc ? Sur tes cheveux bouclés
Les ciseaux ont du prêtre arrondi l'auréole;
Pour le monde à ta voix l'Agneau divin s'immole;
Des portes du salut tes mains tiennent les clés.

Courons : c'est lui qui prêche à la Trinité sainte.
Et l'on court, et du temple on assiége l'enceinte,
Et, pour ces flots d'élus pressés dans le saint lieu,
Ta parole est du ciel la promesse vivante,
Ou l'écho foudroyant des colères de Dieu,
Qui fait passer sur eux un frisson d'épouvante.

Dans l'asile qui s'ouvre à nos remords secrets,
Il n'est Romain si fier ni si noble Romaine,
Que sous tes doigts sacrés le repentir n'amène,
Qui ne courbe à genoux son front sous tes arrêts;
Du Vatican, dit-on, l'auguste confidence
A déjà par deux fois consulté ta prudence.
Quel triomphe! pourquoi n'a-t-elle plus d'appas,
La coupe où jeune encor tu t'enivrais en songe?
Pourquoi? mais il médite et ne vous répond pas,
C'est dans l'éternité que muet il se plonge.

Non, non, ce temps n'est plus; non, c'est la liberté
Qu'il dévore en espoir, qu'avec l'air il aspire;

CHANT II.

C'est l'air vaste, où se meut tout être qui respire,
Qu'il fend d'un vol de feu dans son immensité.
Plaisir et peine, espace, et chaleur et lumière,
Tout est à lui : sa proie est la nature entière.
Comme un phénix nouveau, qui, du trépas vainqueur,
S'élève en secouant la poudre de sa tombe,
Libre, il monte, il est libre!... il s'éveille, et son cœur
Du haut du firmament sous sa chaîne retombe.

Par sa chute meurtri, ce cœur est sans pitié :
Son âcre désespoir, sa chasteté jalouse,
Fait d'un bonheur permis un reproche à l'épouse,
D'un idolâtre excès accuse l'amitié.
Il sent qu'il est injuste, il rougit, il se blâme ;
Mais à qui confesser les troubles de son âme?
Au plus inexorable il veut les dévoiler ;
Il choisit le vieillard que le moins il redoute,
Et, prêtre, le seul tort qu'il venait révéler,
C'est le seul qu'il dérobe au prêtre qui l'écoute.

Sacrilège, il s'effraie : « A Dieu seul j'appartiens ;
Arrière, tentateur! se dit-il à voix basse ;

V'a-t'en, femme, va-t'en; ton faux respect me lasse;
Va-t'en, mes yeux baissés ne cherchent pas les tiens.
Pourquoi, dans la ferveur d'une humilité feinte,
De mes pieds sur le marbre avoir baisé l'empreinte?
Et ce marbre, où depuis je n'ose m'arrêter,
D'où vient que pour le fuir vainement je recule,
Que défaillant j'y tombe, et le sens palpiter
Sous mes genoux tremblants qu'il attire et qu'il brûle

« Femme, que t'ai-je fait, et que veut ton orgueil?
D'un serviteur de Dieu troubler la paix profonde?
Ces fragiles attraits, où tant d'orgueil se fonde,
Tu crois les relever par tes voiles de deuil.
Tes yeux sont plus ardents sous ces noires dentelles,
Tes mains, et tu le sais, tes blanches mains plus belles.
Je les brave, démon!... Non, tout est pur en toi;
La foudre sur ton front n'a pas laissé de trace :
Le ciel est dans tes yeux; détourne-les de moi;
Grâce, ange de beauté, je te demande grâce! »

Au fond de sa cellule il fuit ce front, ces yeux,
Ces lèvres de corail qui troublent sa prière;

Il veut s'y consumer de sa ferveur première,
Revoir les chérubins quitter pour lui les cieux.
O bonheur! les voilà, ces formes enfantines!
Ils viennent, mais privés de leurs ailes divines.
Ils n'ont rien de céleste; ils sont sa chair, son sang;
Ces enfants sont les siens; ils le nomment leur père,
Et le prêtre égaré crie en les repoussant :
« Je la retrouve en eux, c'est elle, c'est leur mère! »

Le long des cloîtres saints, comme un spectre, à minuit,
Toujours suivi par elle, il traîne ses tortures,
Va fouler l'herbe humide, entre les sépultures,
Offrir sa tête nue aux vents froids de la nuit.
Elle est là, toujours là, belle et demi-voilée;
Il laisse choir son corps au pied d'un mausolée;
Il s'y couche éperdu pour y finir ses maux,
Pour y figer son sang dont l'ardeur est un crime,
Pour y glacer son cœur, sa vie, et des tombeaux
La pierre qu'il réchauffe entre ses bras s'anime.

Au prêtre qui t'implore accorde ton appui,
Toi qui voulus, grand Dieu, que toute créature

Obéit, hors lui seul, au cri de sa nature!
Dieu, prends pitié du prêtre : étouffe l'homme en lui!
Tombe, fraîcheur de l'aube, et qu'à la voix divine
Tes pleurs vivifiants humectent sa poitrine ;
Rends-lui cette candeur qu'au lys fané tu rends ;
Ou plutôt de la grâce, ineffable rosée,
Descends, lave son âme, et viens sous tes torrents,
Viens éteindre les feux dont elle est embrasée!

CHANT TROISIÈME.

LE VENDREDI SAINT.

C'est l'heure où la nature, à son Sauveur unie,
Et qui sembla du Christ partager l'agonie,
Dans un saisissement d'horreur et de respect
    Suspendit ses lois à l'aspect
    De cette douleur infinie ;
Où, déchiré d'un coup, le rideau du saint lieu,
    Que d'invisibles mains tirèrent,
Des combles au pavé s'ouvrit par le milieu,

Où du mont Golgotha les rocs, qui s'ébranlèrent,
    Jusqu'en leurs fondements tremblèrent
    Sous le dernier soupir d'un Dieu.

C'est l'heure où la lumière aux ténèbres fit place,
Où des formes sans nom traversèrent l'espace ;
C'est l'heure où le soleil, du crime épouvanté,
    Se roula dans l'obscurité
    Un voile sanglant sur la face ;
Où je ne sais quel froid glaça l'air et les vents
    Quand les sépulcres se fendirent,
En laissant s'échapper de leurs débris mouvants
Le peuple enseveli qu'à ce monde ils rendirent,
    Et dont les morts se confondirent
    Avec le peuple des vivants.

Heure où se consomma le sacrifice immense !
Heure de dévoûment, de fureur, de clémence,
Où d'un autre chaos l'univers fut tiré,
    Comme un vieillard régénéré

CHANT III.

Dont la jeunesse recommence!
L'homme Dieu, sans se plaindre, à la mort se livra,
Et, laissant sur la croix immonde
Le corps inanimé dont il se sépara,
Après le long travail de cette mort féconde,
D'où sortit le salut du monde,
Penchant la tête, il expira.

Ce triomphe et ce deuil, Rome, tu les célèbres
En cachant tes autels sous des crêpes funèbres.
Ta chapelle Sixtine est un tombeau sacré,
Et les chants du *Miserere*
S'y prolongent dans les ténèbres.
Ces prophètes divins, ces damnés en lambeaux,
Tout ce vain peuple de fantômes,
Qu'une main de géant peignit en traits si beaux,
Semblent, mêlant leurs cris aux cris mourants des psaumes,
Pour le roi de tous les royaumes
Entonner l'hymne des tombeaux.

Le pape est descendu sous la sainte coupole;
Il y vient adorer la croix où Dieu s'immole,

Et dont la nuit qui tombe a, dans ses profondeurs,
Suspendu les mornes splendeurs,
Du salut douloureux symbole.
C'est là qu'après la mort, sur sa tombe incliné,
Chaque pontife est en prière ;
Du pontife vivant le néant couronné,
Comme un marbre de plus, prend place dans Saint-Pierre,
Et devant la croix de lumière
Reste immobile et prosterné.

Adrien, qui succombe à son saint ministère,
Juge en son tribunal les fautes de la terre.
Incliné vers la grille, il la rouvre ; ô terreur !
De ses sens, que trompe une erreur,
Est-ce le crime involontaire ?
Non, c'est elle, à genoux, qui vient lui demander
La paix qu'en vain lui-même appelle.
L'œil humide, à parler n'osant se hasarder,
Elle a le front couvert d'une pâleur mortelle,
Et son juge, aussi pâle qu'elle,
L'écoute sans la regarder.

CHANT III.

De sa raison qui fuit reprendra-t-il l'usage ?
Une sueur glacée inonde son visage ;
Tremblant, il ne voit plus ; mais son cœur, il l'entend
  Battre dans son sein haletant,
  Comme pour s'ouvrir un passage.
Il flotte entre l'horreur, la joie et le courroux ;
  Penché sur des cheveux d'ébène,
Enivré, malgré lui, par le poison si doux
D'une haleine de feu mêlée à son haleine,
  Il recule, et murmure à peine :
  « O ma fille, confessez-vous ! »

  « Pitié, mon père !
C'est ma faute, ma faute ! Ah ! pardonne, ou de moi
  Je désespère !
J'aime, et celui que j'aime est prêtre comme toi.

  » J'ai choisi l'heure où sans murmures
  Le Christ a quitté ce séjour,
  Pour que le sang de ses blessures
  Se répandît sur les souillures

Que ma douleur expose au jour.
En vain je prie, en vain je pleure ;
Je veux fuir et cherche à toute heure
L'objet de mon fatal amour.

» Sur le siècle quand sa voix tonne,
A l'effroi qui glace mon sang
Se mêle un charme qui m'étonne ;
Et quand, plus tendre, il s'abandonne
Aux pieux transports qu'il ressent,
Ivre du plaisir de l'entendre,
Mon cœur vole pour se suspendre
A ses lèvres d'où Dieu descend.

» Pitié, mon père !
C'est ma faute, ma faute ! Ah ! pardonne, ou de moi
Je désespère ! -
J'aime, et celui que j'aime est prêtre comme toi.

» Pour ma passion adultère
La suprême félicité

CHANT III.

N'est pas, quand j'aurai fui la terre,
Dans sa beauté que rien n'altère
L'aspect de la divinité;
C'est le sien, c'est son œil de flamme
Dans mes yeux répandant son âme
Pendant toute l'éternité.

» Mais entre nous s'ouvre un abîme :
En ce monde, son saint devoir,
Plus tard, les maux dus à mon crime
Le séparent de sa victime;
Maux sans fin, et mon désespoir
N'est pas d'en souffrir la torture,
Sans fin, sans repos, sans mesure,
Mais de la souffrir sans le voir.

» Pitié, mon père!
C'est ma faute, ma faute! Ah! pardonne, ou de moi
Je désespère!
J'aime, et celui que j'aime est prêtre comme toi.

» Juge à quel excès je l'adore :
Sa robe un jour vint effleurer
Ce voile qui me couvre encore ;
Depuis, je sens qu'il me dévore,
Et je ne peux m'en séparer ;
Sous ce doux et cruel cilice
Je meurs, et c'est avec délice
Que je m'en laisse dévorer.

» De quel crime, ô ciel, suis-je avide ?
Et, dans ma honte, où me cacher ?
Quand je vois cette coupe vide
Du vin céleste encore humide,
Dont son souffle vient d'approcher,
Dût mon corps mortel se dissoudre
En tombant frappé par la foudre,
Mes lèvres la voudraient toucher.

» Pitié, mon père !
C'est ma faute, ma faute ! Ah ! pardonne, ou de moi
Je désespère !
J'aime, et celui que j'aime est prêtre comme toi.

CHANT III.

» De ce cœur foule aux pieds la cendre,
Que brûle un exécrable feu ;
Mais suspends encor pour m'entendre
Le juste arrêt que tu vas rendre ;
Je n'ai pas tout dit, et mon vœu,
C'est que mon âme criminelle
Cède à ton souffle qui l'appelle
Et s'exhale avec cet aveu :

» Il a ta voix, celui que j'aime ;
Il a ta ferveur en priant ;
S'il sourit, sa grâce est la même ;
Dans les yeux de celui que j'aime
Brille ton regard foudroyant ;
En lui c'est toi que je redoute ;
C'est toi qu'en l'écoutant j'écoute,
Toi que je vois en le voyant.

» Frappe, mon père !
J'aime... prête à parler, Dieu m'arrête, et de moi
Je désespère !
J'aime, et celui que j'aime, ô mon père... c'est toi ! »

Quel silence ! il ressemble au calme de l'orage,
Quand la foudre en éclats va sortir du nuage.
D'un muet tremblement l'homme de Dieu frémit ;
    La pénitente qui gémit
    Dans ses mains cache son visage.
Comme un condamné meurt sous le coup qui descend,
    Avant d'être atteint par le glaive,
Elle meurt de l'arrêt que sa terreur pressent ;
Son châtiment enfin du ciel tombe, et l'achève :
    Adrien pousse un cri, se lève,
    Et s'enfuit en la maudissant.

CHANT QUATRIÈME.

LA VEILLÉE.

« Qui frappe, et quelle voix m'appelle ?
— Ouvrez : vous n'avez qu'un instant ;
C'est l'huile sainte qu'elle attend ;
Frère Adrien, courez près d'elle :
Bénissez-la ! — Qui donc ? — Celle qu'à vos genoux
Un repentir fervent a naguère amenée,
Et qu'en pleurs sur le marbre on trouva prosternée,
Quand dans la nef déserte il ne restait que nous.

Voulez-vous refuser au vœu d'une mourante
Le Dieu que sur sa bouche attend son âme errante?
   Frère, le voulez-vous? »

  Son front l'aurait trahi peut-être;
  La bure en couvre la pâleur :
  Quand il doit cacher sa douleur,
  Quel prêtre oublîrait qu'il est prêtre?
Il part, mais sur ce lit la doit-il retrouver?
Que de lui pardonner pieusement avide,
Il se reproche alors sa sentence homicide!
Il entend dans son âme une voix s'élever
Pour le glacer d'effroi, le presser, et lui dire :
« Plus vite! elle se meurt; toi, qui l'as pu maudire,
   » Pourras-tu la sauver? »

  — Oh! qu'à cette heure solennelle
  Rome est sublime dans la nuit!
  Qui ne l'a pas vue à minuit
  N'a pas vu la ville éternelle.

Que de grandeur ce calme ajoute à sa beauté !
Dans quel recueillement jusqu'au jour on prolonge
L'inexprimable extase où son aspect vous plonge !
Tout est silence, à moins que l'airain agité
Pour lui parler du temps ne résonne dans l'ombre,
Ou que le vent des nuits ne détache un décombre
      De son éternité.

    Passe, éternité misérable !
    Tes siècles sont-ils un instant
    De celle qu'Adrien craint tant
    Dans sa pitié pour la coupable ?
La gloire en vain sur lui plane de toute part :
Que lui font ce Forum, ces temples, ces portiques,
L'indestructible orgueil de ces arceaux antiques ?
Rome, pour ton fantôme il n'a point de regard.
A chaque battement de son cœur qui palpite,
« Plus vite ! dit la voix ; elle se meurt : plus vite !
    Ou tu viendras trop tard. »

    Il arrive, et sur la fenêtre
    Son œil ardent s'est arrêté.

LE PRÊTRE.

Ô lugubre immobilité !
C'est celle du sommeil peut-être.
A travers les rideaux que rougit de ses feux
Une lampe aux abois dont la clarté décline,
Pas une ombre qui passe, ou se lève, ou s'incline,
Comme en proie aux terreurs d'un espoir douloureux ;
Ses yeux sont pour toujours fermés à la lumière,
Et, si c'est le sommeil qui presse leur paupière,
C'est le dernier pour eux.

A-t-il perdu toute espérance ?
Non ; mais l'angoisse de douter,
Il ne peut plus la supporter ;
Sa main frappe ; on ouvre, il s'élance ;
Il franchit les degrés, et le bruit de ses pas
Est le seul que l'écho dans ce tombeau répète.
Le voilà sur le seuil, et la chambre est muette :
« Écoute, dit la voix ; on y gémit tout bas :
C'en est fait, Adrien ! elle expira maudite :
Ne t'ai-je pas crié que la mort allait vite,
Et ne t'attendrait pas ? »

CHANT IV.

Il entre, et son espoir se glace :
Hier la vie était ici
Encor dans sa fleur, et voici
Que la froide mort la remplace.
Si grand que soit le crime, il est trop châtié ;
Et sur qui! dans ses traits quelle douceur céleste !
Quoi! sa vie est éteinte et sa beauté lui reste !
Ah! le bras qui frappait laissa l'œuvre à moitié,
Tant il fut prompt sans doute à se retirer d'elle !
Tant l'ange des tombeaux, en la voyant si belle,
   Fut ému de pitié!

« Qu'elle a souffert! dit à voix basse
La vieille assise à son chevet ;
Les tourments dont Dieu l'éprouvait
Devant vous auraient trouvé grâce.
Ce voile si léger, qu'il lui semblait pesant!
Il l'écrasait, mon père; à s'y noyer de larmes
Julia, qu'il brûlait, pourtant trouvait des charmes.
J'en voulus délivrer son front agonisant ;
Mais à le retenir sa main s'est obstinée,
Et, morte dans l'effort, la pauvre infortunée
   Est morte en le baisant. »

« — Sortez ; je veillerai près d'elle. »
Il dit ; on s'éloigne ; il est seul,
Entre sa couche et le linceul,
Sur un siége étendu pour elle.
Triomphe ! le linceul va couvrir, Adrien,
Son front charmant, ses mains dont la dernière étreinte
Pressa ce voile humide où leur trace est empreinte,
Ses yeux dont le regard osa chercher le tien,
Ses lèvres qui t'ont dit... Mais Dieu prit la défense :
Ses lèvres ni ses yeux d'un amour qui t'offense
　　　Ne te diront plus rien.

　　Quoi, plus rien ! sa force succombe,
　　　Et, dans sa douleur abîmé,
　　　Devant ce corps inanimé
　　Sur ses genoux Adrien tombe.
Vaincu, le prêtre pleure ; il ose enfin pleurer.
Vainement ses deux mains où sa tête s'incline
Étouffent les sanglots qui brisent sa poitrine ;
Son secret s'en échappe, et pour le déclarer
A ce muet témoin qui ne peut plus l'entendre,
Son cœur, las d'étouffer un sentiment si tendre,
　　　Vient de se déchirer.

CHANT IV.

« Paix à ton âme! après la vie,
    Adieu! douce victime, adieu!
    Va chercher sur le sein de Dieu
    Cette paix que je t'ai ravie.
Adieu! va dans le ciel refleurir loin de moi,
Rose du ciel tombée et qu'un jour a flétrie.
C'est ma faute, ma faute! à mon tour je le crie
Du plus profond d'un cœur qui parjura sa foi;
La faute qu'à tes pleurs je n'ai point pardonnée,
C'est la mienne; et j'étais, quand je t'ai condamnée,
    Plus coupable que toi.

» Dieu, dans tout un peuple fidèle
    Je ne voyais qu'elle à genoux;
    Je devais ta parole à tous,
    Et je ne parlais que pour elle.
Son sacrilége amour dut s'allumer au mien;
Mes regards, mes accents dans un réseau de flamme
Malgré sa résistance enveloppaient son âme;
Et, quand je l'enlaçais de ce brûlant lien,
Je te criais : Pitié! du fond de ma poussière,
Et, croyant prononcer ton nom dans ma prière,
    Je murmurais le sien.

» O jour qui décida ma perte !
O transports sitôt expiés,
Quand son aveu vint à mes pieds
Mourir dans sa bouche entr'ouverte !
O joie ! ô désespoir ! ô douloureux combats !
Je sentais ma raison de terreur se confondre,
Et mon cœur de délice en frissonnant se fondre.
Eh bien ! à l'en punir je trouvai des appas ;
Moi, qui me le reproche, et pleure, et m'en indigne,
De pardon, devant toi, je me jugeais indigne,
Et n'en accordai pas.

» C'est ma faute ! ô mon Dieu, fais grâce
A l'âme qui monte vers toi ;
Punis ma faute, et que sur moi
Tombe l'arrêt qui la menace.
De ta miséricorde ouvre-lui le trésor ;
Prends, pour la racheter, mes veilles, mes tortures ;
Prends mes pleurs, prends le sang qui sort de mes blessures ;
Prends ce cœur qui voudrait s'unir à son essor ;
Mes jours, mon avenir, mon éternité même ;
Prends tout : vivante, ô Dieu, je l'aimais, et je l'aime ;
Morte, je l'aime encor ! »

CHANT IV.

« — Tu m'aimais !... » quel pouvoir magique
    Ranime la voix qu'il entend?
    Sa victime ressuscitant
    Secoue un sommeil léthargique.
L'étonnement de vivre ajoute à ses attraits ;
Sa voix manque à l'excès du bonheur qui l'oppresse ;
Mais sous ses noirs cheveux son front qui se redresse,
Mais ce faible incarnat revenu sur ses traits,
Ces yeux ouverts, ces yeux où la joie étincelle,
Mais tout, mais son sourire et ses pleurs, tout en elle
    Dit encor : « Tu m'aimais !... »

    Qu'elle est belle, et qu'ils ont de charmes
    Ses traits émus d'un doux transport,
    Où luttent la vie et la mort
    Comme le sourire et les larmes!
Fatale vision! rêve délicieux!
Ces bras tendus vers lui, ce voile qui palpite,
Ces humides regards où sa perte est écrite,
C'est l'enfer promettant la volupté des cieux.
Fuis, malheureux; ah! fuis ce spectacle funeste!
Il veut fuir; il s'élance, il se retourne et reste...
    Anges, fermez les yeux!

CHANT CINQUIÈME.

LE DERNIER JOUR DU CARNAVAL.

Vingt ans se sont passés : jusqu'au ciel Rome envoie
De tout un peuple ému les confuses rumeurs.
Regardez ce concours ! Écoutez ces clameurs !
Jamais soleil plus beau n'éclaira plus de joie.
Un jeune homme, lui seul, morne au milieu du bruit,
Sous le soleil frissonne et regrette la nuit.
Entraîné par le flux de la mer qui le presse,
Il l'entend, sans la voir, rouler ses flots épais

Du forum Flaminic au temple de la Paix,
Et reste indifférent à la publique ivresse.

Sur toi, Rome, un grand jour a lui !
As-tu pris Sagonte ou Numance ?
Quel grand homme traîne après lui
De tes enfants la foule immense ?
Après quarante ans de vertus,
Est-ce le vieux Cincinnatus
Qu'aux dieux le triomphe assimile ?
Vas-tu recevoir l'Africain,
Ou du chêne républicain
Ceindre le front de Paul-Émile ?

O cité veuve de tes droits,
Est-ce un des successeurs d'Octave
Qui de la dépouille des rois
Vient couronner la reine esclave ?
Aux jeux cours-tu de toute part
Pour applaudir un léopard

CHANT V.

Que le sang chrétien désaltère?
Vas-tu placer au rang des dieux
Quelque monstre humain dont les cieux
Ont enfin délivré la terre?

Infidèle à ton Panthéon,
Du Christ épouse catholique,
Rome, est-ce Jule, est-ce Léon,
Qui t'attend dans la basilique?
Non, ceinte du rameau pascal,
Sous son pardon pontifical
Ce n'est pas Jule qui t'appelle;
Non; ton héros, ton dictateur,
Ton pontife triomphateur,
Ton seul dieu, c'est Polichinelle!

Polichinelle en souverain
Rend ses décrets au Capitole;
Rome a pour sceptre un tambourin;
Rome, la sainte Rome, est folle.

LE PRÊTRE.

Tous les âges et tous les rangs,
Sous leurs mille habits différents,
En char, à pied, masqués, sans masque,
Au vol se hâtent de saisir
L'égalité qui du plaisir
Vient signaler la mort fantasque.

Plus d'opprimés, plus d'oppresseurs!
Plus de distances mensongères!
Toutes les royautés sont sœurs,
Comme tous les cultes sont frères.
Une hérétique en char doré
Ose toucher le gant sacré
D'un cardinal à sa fenêtre;
L'ambassadeur d'un roi récent
Veut bien saluer en passant
Le roi déchu qui fut son maître.

Ne cite pas, bruyant Paris,
Ton froid carnaval au front blême,

CHANT V.

Qui, frissonnant sous un ciel gris,
N'est qu'un frère aîné du carême.
Il s'enveloppe jusqu'au cou
Dans les fourrures de Moscou ;
La fange a souillé son cortége ;
Colombine tremble, et je vois
Pantalon souffler dans ses doigts
Près d'Arlequin couvert de neige.

Adieu ton mardi si vanté,
Venise, adieu ses saturnales,
Ses mystères, sa volupté
Et ses mascarades navales !
C'est à peine si tu souris,
Quand il renaît sur les débris
De ta puissance foudroyée :
Ton carnaval et ses grelots
Se sont engloutis dans les flots
Où ta liberté s'est noyée.

Mais du Rialto l'âge d'or
Luit sur la cité d'Égérie,

Exil heureux, patrie encor
Pour ceux qui n'ont plus de patrie,
Salon de fête, qu'un ciel pur
Couvre de ce plafond d'azur
Qui rayonne sur Parthénope,
Grand bal ouvert aux promeneurs,
Dont un peuple fait les honneurs
A tous les peuples de l'Europe.

Il faut ta joie au carnaval,
Rome, il faut ta magnificence;
Il faut ton soleil sans rival
Et ta liberté sans licence;
Il faut tous tes rangs confondus,
Tes rois dans la foule perdus,
Ton égalité fraternelle;
Il faut le contraste charmant
De ton délire d'un moment
Avec ta tristesse éternelle.

Courez, marquise en domino;
Prélats, cachez-vous sous le masque;

CHANT V.

Dans les airs, filles d'Albano,
Agitez vos tambours de basque!
Du plaisir gais dilettanti,
A la grêle des confetti
Que la grêle en sifflant réponde;
Vive le jour sans lendemain!
Vive le carnaval romain!
C'est le seul carnaval du monde.

Pourtant, sous le balcon du palais Rospoli,
Ce jeune homme, en lambeaux, médite, enseveli
Dans quelque noir projet ou quelque horrible rêve.
Tantôt avec fierté sur la foule il relève
Son front, qu'avant le temps la débauche a pâli;
Tantôt, pour se cacher, ramenant sur sa bouche
Les plis du vieux manteau qu'il froisse dans ses mains,
Il insulte en riant de son dédain farouche
Au spectacle nouveau qui ravit les Romains.

Contenez encore
L'ardeur qui dévore

LE PRÊTRE.

Ces chevaux rétifs!
La barrière à peine
Peut fermer l'arène
A leurs bonds captifs.

L'aigrette éclatante
Que dans leur attente
Ils livrent aux vents
Voltige, et sans cesse
S'élève ou s'abaisse
Sur leurs fronts mouvants

Leur regard s'allume;
Leur poitrail qui fume
Se cabre dans l'air.
Leurs pieds qui s'abattent
Du pavé qu'ils battent
Font jaillir l'éclair.

Vainement leur guide,
D'un bras intrépide,

Veut les enchaîner :
Tombant dans la lutte,
Il fait par sa chute
Rire et frissonner.

Soudain l'airain tonne ;
La trompette sonne ;
Rome pousse un cri ;
C'est l'éclair qui passe :
Dévorez l'espace,
Fougueux barberi !

En vrai fils du Tibre,
Chacun d'eux est libre,
Et, sans cavalier,
Ces rivaux de gloire
Ont de leur victoire
L'honneur tout entier.

Leurs muscles se tendent ;
Des métaux qui pendent

LE PRÊTRE.

Aux crins ondoyants
Le bruit les étonne,
La pointe aiguillonne
Leurs jarrets fuyants.

Heurté dans la lice,
L'un chancelle et glisse;
L'autre en furibond
Par-dessus l'athlète
Qu'à ses pieds il jette
A passé d'un bond.

Le vaincu se roule
Aux cris de la foule,
Et, demi-boiteux,
Poursuit sa carrière,
Blanc d'une poussière
Dont il est honteux.

Autre catastrophe!
Mais, en philosophe,

CHANT V.

Ce prudent jouteur
S'assied sur la route,
Et veut de la joute
Rester spectateur.

Un pari s'engage,
Et lord Falkland gage
Contre un vieux manoir
Sa villa d'Albane,
Avec lord Atlane,
Pour le coureur noir.

Près d'eux, la duchesse,
Dont le front se dresse,
Pâlit, et ce cœur,
Qu'à sa suite emporte
L'ardente cohorte,
Est tout au vainqueur.

Son mouchoir s'agite ;
Sa main blanche excite

L'alezan doré ;
Elle tremble, et même
Au peintre qu'elle aime
Il est préféré.

Le peuple au passage
Leur jette l'outrage ;
Ou par ses bravos
Les exalte, et nomme
Des vieux noms de Rome
Ces nobles rivaux :

« Un effort, Clélie !
» Brutus, l'Italie
» Suit tes pas des yeux !... »
Mais Brutus se lasse ;
Et César, qui passe,
A pour lui les dieux.

Au but César touche ;
Et de bouche en bouche

CHANT V.

Il est répété,
Ce nom, qui, du reste,
Fut toujours funeste
A l'égalité.

Viens, juge suprême,
Décorer toi-même
Ce front sans rival;
Sénateur unique
De la république,
Couronne un cheval!

Monte au Capitole,
Triomphante idole!
A lui, citoyens,
Cette palme verte
Autrefois offerte
A vos Fabiens!

Mais la foule à grand bruit comme un torrent s'écoule,
Et ce jeune Romain, que seul elle a laissé,

Semble ignorer encor que le bruit ait cessé.
Il regarde avec rage ; entre ses doigts il roule
Un écrit que bientôt il cache dans son sein.
Lui, si pâle, d'où vient qu'il pâlit d'épouvante,
Comme s'il eût touché le fer d'un assassin ?
Des plis de son manteau sa main sort frémissante.
Il demeure pourtant ; un immense concours
Revient, au jour tombant, se heurter sur le cours.
D'un premier moccolo la cire est allumée ;
Un second brille, un autre et cent autres encor ;
La folie à leur vue a repris son essor :
Un cri part, et du soir la fête est proclamée.

    Guerre au moccolo !
  Courez, sautez pour l'atteindre
  D'en haut, d'en bas, pour l'éteindre,
    Lancez l'air et l'eau.
   A mort, dès qu'il étincelle !
  Guerre, guerre universelle,
    Mort au moccolo !

La nuit sur Rome a déployé ses voiles ;
Le jour en sort : mille errantes clartés,

Courant, roulant, volant de tous côtés,
Peuplent le cours de terrestres étoiles.
Marais lombards où, dans les eaux nageant,
Le riz balance une moisson d'argent,
Tel, sur vos bords par nos exploits célèbres,
Vole et se joue et luit l'insecte ailé,
Quand ses essaims dont l'air est étoilé,
Quand ses amours embrasent les ténèbres!

    Guerre au moccolo!
  Sur lui, dès qu'il étincelle,
    Lancez l'air et l'eau.
  Guerre, guerre universelle,
    Mort au moccolo!

L'astre modeste à pied s'enfuit en vain;
Du haut d'un char cette fière pléiade
En vain domine et croit tromper la main
Des assaillants qui tentent l'escalade.
Au bruit croissant du rire et des grelots
Voyez mourir ces feux à peine éclos!

Dernier avis d'une sagesse austère,
Que pour adieu nous laisse la gaîté :
Ainsi grandeur, gloire, talents, beauté,
Tout ce qui brille ainsi meurt sur la terre.

Guerre au moccolo !
Sur lui, dès qu'il étincelle,
Lancez l'air et l'eau.
Guerre, guerre universelle,
Mort au moccolo !

Des combattants le fol honneur s'irrite ;
Le cours rayonne ; il éblouit les yeux :
Mêlée ardente, embrasement joyeux
Qui de sa cendre en riant ressuscite !
Le carnaval, ivre de volupté,
Y tombe enfin dans des flots de clarté,
Et ces transports, ces cris, cette fumée,
Ces mille feux se croisant dans les airs,
Sont du mardi qui meurt brillant d'éclairs,
Sont du plaisir l'agonie enflammée.

CHANT V.

<pre>
    Descends au tombeau,
 Brillant mardi, l'airain sonne ;
 Éteins au signal qu'il donne
    Ton dernier flambeau !
 Plus de cris, plus d'étincelles !
 Paix et nuit universelles !
    Rome est un tombeau.
</pre>

Le jeune homme s'éloigne, et, si l'on pouvait lire
Sur ces beaux traits voilés des ténèbres du soir,
On verrait qu'il poursuit d'un regret sans espoir
Ces plaisirs dont lui seul dédaigna le délire.
A travers les détours de la vaste cité,
Toujours morne, il arrive au pied d'un monastère,
Et semble, en s'arrêtant près du seuil solitaire,
S'indigner de la honte où descend sa fierté.
Le marteau sous sa main a retenti dans l'ombre ;
La porte s'ouvre ; il jette une lettre au gardien,
Et, sans courber le front, l'œil irrité, l'air sombre,
Se retire en disant : « Pour le frère Adrien ! »

CHANT SIXIÈME.

LA LETTRE.

« Encor moi ! mais lisez, c'est ma lettre dernière.
Du cri de votre sang je vous fatigue en vain,
Et je n'en puis troubler votre calme divin :
L'homme de Dieu qui prie est sourd à ma prière.
De peur qu'un tel secret ne vienne à transpirer,
Cachez-vous pour la lire et pour la déchirer;
Brûlez-la, cette lettre, à quelque lampe sainte,
Comme un écrit profane, aux regards interdit;

LE PRÊTRE.

Mais si vous la brûlez sans répondre à ma plainte,
    O mon père, soyez maudit !

» Oui, mon père ! ce mot vous fait rougir de honte.
Ce fils dont le silence endormait vos remords,
Vous l'avez cru couché dans la poudre des morts :
Pour réclamer ses droits du sépulcre il remonte.
Pâle, il a dit : Je souffre. Il a soif, il a faim ;
Mais d'implorer du marbre on se lasse à la fin.
Puisque de vous toucher votre fils désespère,
En vous disant encor ce qu'il vous a tant dit ;
Puisque vous restez moine et n'osez être père :
    O mon père, soyez maudit !

» Au temps où vous m'aimiez, enfant, sans les comprendre,
Que de fois de ce front j'écartai les chagrins,
Quand mes doigts innocents se jouaient dans les grains
Du rosaire sacré que vous me laissiez prendre !
« Le profane ! » disait ma mère doucement ;
Et de veiller sur moi vous faisiez le serment.

CHANT VI.

O vous qui chaque jour, en baisant ce rosaire,
Parjurez le serment qu'alors il entendit,
Et du pied, loin de vous, repoussez ma misère,
    O mon père, soyez maudit !

» Quelle était envers vous la faute involontaire
De celle qu'a puni votre dur abandon ?
Elle a, dans un transport bien digne de pardon,
Révélé le secret qu'elle devait me taire.
Vos pieds, depuis ce jour, n'ont plus passé le seuil
Que je devais franchir en suivant son cercueil.
L'amour dans votre sein brûlait encor peut-être;
De son souffle glacé la peur le refroidit;
Vous fûtes criminel pour ne le point paraître :
    O mon père, soyez maudit !

» La première à l'église, hélas! et la dernière,
Elle espéra long-temps fléchir votre courroux.
Là, dans l'ombre tous deux, nous restions à genoux,
Et tous deux nous pleurions; c'était notre prière.

Un seul mot, une lettre eut ranimé ces jours
Que vous aviez au deuil condamnés pour toujours.
Mais non; l'humble victime était par vous proscrite :
Ce mot, jamais, jamais vos lèvres ne l'ont dit;
Cette lettre, jamais vous ne l'avez écrite :
  O mon père, soyez maudit!

» Par votre robe, un soir, en baisant vos sandales,
De mes petites mains j'osai vous arrêter;
Je ne sais quel effroi sembla vous transporter;
Mais, repoussé par vous, je tombai sur les dalles.
Ce coup tua ma mère, et plus tard j'étais là,
Lorsqu'à son lit de mort elle vous appela.
Votre cœur, cette fois, resta sourd à sa plainte;
C'est un autre que vous dont le bras s'étendit
Vers ce front qui de vous attendait l'huile sainte :
  O mon père, soyez maudit!

» Un autre, en l'exhortant, soutint de sa prière
L'âme à qui votre voix refusa cet adieu ;

Penché vers le cercueil, dans la maison de Dieu,
Un autre de ses mains y jeta la poussière.
Sur la tombe déserte où je portais des fleurs,
Jamais je ne trouvai la trace de vos pleurs.
Une rose effeuillée, un débris d'immortelle
A mon vœu le plus cher jamais ne répondit,
En me disant : Ton père y vint prier pour elle.
  O mon père, soyez maudit !

» Je voyais, orphelin, naître et mourir l'année
Sans qu'aucun être aimé sourît à mon réveil,
Sans qu'une voix me dît au coucher du soleil :
Quel bien avez-vous fait, enfant, dans la journée?
Guidé par vous, par vous dans mon vol soutenu,
Qu'aurais-je été?... Sans vous que suis-je devenu?
Déchu, comme Satan, de ma splendeur première,
Moi, qu'avec les démons le vice confondit,
J'aurais été peut-être un ange de lumière.
  O mon père, soyez maudit !

» — Qu'avez-vous fait des biens laissés par votre mère
— Je les ai dévorés; j'en conviens; mais pourquoi?

LE PRÊTRE.

Qui détourna mes mains d'en faire un fol emploi?
Qui m'apprit que le vice enfantait la misère?
C'était votre devoir; l'avez-vous rempli? Non.
Avais-je à respecter ou mon père ou mon nom?
Pour m'éloigner du mal je n'eus ni l'un ni l'autre;
Nul ne me le montra; rien ne m'en défendit.
Vous m'en faites un crime, et ce crime est le vôtre :
    O mon père, soyez maudit!

» Je veux de l'or; quêtez chez vos nobles Romaines!
Vous dites que le pauvre a des droits sur cet or;
Si j'ai plus de besoins, je suis plus pauvre encor,
Abandonné par vous aux passions humaines.
Celle qui dans mes bras mourut en vous aimant,
De ne vous pas trahir m'imposa le serment;
Je l'ai fait; vous savez que j'y serai fidèle,
Et dans son froid dédain votre cœur s'enhardit;
Il m'écrase à plaisir sous mon respect pour elle.
    O mon père, soyez maudit!

» Mais je l'aurai, cet or, demain, cette nuit même.
Toi qu'en vain j'ai prié, toi qui ne m'entends pas,

CHANT VI. 131

Dieu sourd comme mon père, il n'était donc qu'un pas
De la débauche au meurtre, et du meurtre au blasphème.
A minuit, d'Albano les abords sont déserts;
Et les cris d'un mourant s'y perdront dans les airs;
Mon stylet, je le tiens; cette nuit sera sombre;
D'Ascagne le tombeau peut cacher un bandit;
Là j'attendrai qu'on passe, en murmurant dans l'ombre :
    O mon père, soyez maudit!

» D'où vient que je frissonne, et quel effroi m'arrête?
C'est à vous de trembler : le meurtrier, c'est vous.
Quand l'airain cette nuit frappera douze coups,
Vous sentirez d'horreur se dresser votre tête.
Minuit fera sur vous passer tous mes frissons :
Vous verrez devant moi s'écarter les buissons;
Vous me verrez courir de ma retraite obscure
Comme un tigre caché qui vers le sang bondit;
Vous entendrez ce cri sortir de la blessure :
    O mon père, soyez maudit!

» Si ma tête ici-bas doit rester impunie,
Vous n'en aurez pas moins le remords du forfait;

Si je meurs pour le mal que vous-même aurez fait,
De mon supplice encor vous aurez l'agonie.
Dans ces murs où, vivant, je n'ai pu pénétrer,
Mort, de mon souvenir je veux vous torturer,
Agiter devant vous ce fer encore humide,
Tacher vos vêtements du sang qu'il répandit,
Et tracer sur l'autel, de sa pointe homicide:
  O mon père, soyez maudit!

» Je veux que de vos yeux la rebelle paupière
Se rouvre malgré vous, quand du pas lourd des morts
Vous m'entendrez venir dans vos noirs corridors;
Je veux vous apparaître à votre heure dernière;
Je veux que sous vos mains le divin crucifix
Prenne en vous menaçant les traits de votre fils,
Et que dans une angoisse impossible à décrire,
Sur les portes du ciel, à votre âme interdit,
Vous lisiez en mourant ce que je vais écrire:
  O mon père, soyez maudit! »

CHANT SEPTIÈME.

LE CRIME.

« Dieu, que ton esprit m'accompagne ;
De ta force viens m'assister :
Que j'arrive au tombeau d'Ascagne
Encore à temps pour l'arrêter !

» Marchons et prions ; si je prie,
Dieu peut-être m'assistera.
Marchons ; le meurtre veille ; il attend ; il me crie :
« Je porterai le coup quand minuit sonnera. »
Mais, déjà chancelant, je me soutiens à peine :
Arrêtons-nous !... Le temps ne reprend pas haleine ;
Il court, lui ; marchons donc sous le poids de cet or ;
Marchons, sans essuyer la sueur qui m'inonde ;
Marchons, fût-ce aux bornes du monde ;
Fût-ce à genoux, marchons encor !

» Dieu, que ton esprit m'accompagne ;
De ta force viens m'assister :
Que j'arrive au tombeau d'Ascagne
Encore à temps pour l'arrêter !

» Dans quel trouble tu me ramènes
Aux lieux où, si calme autrefois
Devant la majesté des campagnes romaines,
Je tombais à genoux en m'écriant : Je crois !

Comme, sans me lasser de leur sainte tristesse,
Dans ta divinité j'abîmais ma faiblesse!
Pur, j'y sentais, au feu de ton souffle éternel,
S'épanouir vers toi ma piété fervente,
  Et, si j'y frémis d'épouvante,
  C'est que j'y reviens criminel.

  » Dieu, que ton esprit m'accompagne ;
  De ta force viens m'assister :
  Que j'arrive au tombeau d'Ascagne
  Encore à temps pour l'arrêter !

  » Oui, je fus inhumain pour elle ;
  Pour lui je fus dénaturé.
Ce cœur, qui s'obstinait à leur rester fidèle,
En impuissants combats que je le déchirai !
Et pourquoi ? J'ai voulu, dans mon orgueil impie,
Cacher aux yeux de tous la faute que j'expie ;
Mais, en croyant le fuir, si tu ne nous soutiens,
Nous roulons dans l'abîme, aveugles que nous sommes !

LE PRÊTRE.

On peut tromper les yeux des hommes ;
Quel homme peut tromper les tiens ?

» Dieu, que ton esprit m'accompagne ;
De ta force viens m'assister :
Que j'arrive au tombeau d'Ascagne
Encore à temps pour l'arrêter !

» De l'oubli voilà qu'il s'élance,
Ce souvenir que j'ai cru mort.
Il respire, il est homme, et de ma ressemblance
Terrible il me poursuit comme un vivant remord.
Il est mon sang ; il a, pour me glacer de crainte,
Des traits accusateurs où ma honte est empreinte,
Des yeux dont le regard semble la proclamer,
Une voix pour crier : Je suis votre victime !
Un cœur pour méditer le crime,
Et des bras pour le consommer.

» Dieu, que ton esprit m'accompagne ;
De ta force viens m'assister :

CHANT VII.

Que j'arrive au tombeau d'Ascagne
Encore à temps pour l'arrêter !

» Où va s'égarer ma pensée?
Le chemin, mes pieds l'ont perdu.
Si je tardais pourtant, si l'heure était passée,
Si... Marchons au hasard ! prions ! Qu'ai-je entendu ?
Les sanglots d'un mourant?... Non, rien. Mais je succombe.
Mon Dieu, tends-moi la main, ou sous mes maux je tombe ;
Rappelle-toi le Christ au Jardin des douleurs,
Quand il disait : Mon père, éloignez ce calice !
Et prends pitié de mon supplice :
Je ne suis qu'un homme, et je meurs.

» Dieu, que ton esprit m'accompagne ;
De ta force viens m'assister :
Que j'arrive au tombeau d'Ascagne
Encore à temps pour l'arrêter !

» Marchons !... Mais quelle forme blanche
Glissé à mes côtés sur les vents?

Est-ce toi, Julia? ton front vers moi se penche ;
Sur moi de ton linceul flottent les plis mouvants.
Dans l'abîme où l'on souffre es-tu captive encore?
Ton haleine me glace et ton œil me dévore.
Pèlerinage affreux! mais je dois l'achever :
C'est la vie et la mort qu'un même acte rassemble ;
  Marchons donc, et prions ensemble :
  C'est notre fils qu'il faut sauver !

» Dieu, que ton esprit m'accompagne ;
De ta force viens m'assister :
Que j'arrive au tombeau d'Ascagne
Encore à temps pour l'arrêter !

  » Tu pleures, Julia, tu pleures,
  Et tu me fuis en gémissant.
Que me voulais-tu donc? des funèbres demeures
Venais-tu m'apporter un message de sang?
Non; le vent seul murmure à travers la vallée ;
J'approche, et tout est calme autour du mausolée ;

CHANT VII.

A ce remords, mon Dieu, j'aurai donc échappé!
J'approche; un pas encore, et j'ai franchi l'espace;
    Il est sauvé; je te rends grâce :
Mon Dieu, son bras n'a pas frappé!

  » C'est ton esprit qui m'accompagne;
  Ta force a daigné m'assister,
  Et j'arrive au tombeau d'Ascagne
  Encore à temps pour. . . . . . . »

CHANT HUITIÈME.

LA PLACE DU PEUPLE.

« Miséricorde!
Frères, laissez-vous attendrir;
Priez pour que le ciel accorde
Au condamné qui va mourir
Miséricorde. »

Sur la place le peuple attend
Que le fer abatte une tête,
Et lui donne, en la lui jetant,
Moins une leçon qu'une fête.
Le pénitent, qui doit prier
Pour que l'âme du meurtrier
Monte vers le Dieu qui pardonne,
Passe, et, comme un fantôme errant,
Mêle au cliquetis monotone
De la quête qui tombe et sonne
Sa voix lugubre, en murmurant :

« Miséricorde !
Frères, laissez-vous attendrir ;
Priez pour que le ciel accorde
Au condamné qui va mourir
  Miséricorde. »

« — Quoi ! ma sœur, le fer dans le sein,
Ce bon prêtre, à l'heure suprême,

Voulut démentir l'assassin
Qui vint se dénoncer lui-même!
— Oui, ma sœur, oui, frère Adrien
Pour le sauver n'épargna rien.
Que sa charité fut sublime,
Quand le ciel l'eut ressuscité!
Mais, plus il excusait le crime,
Plus l'autre devant sa victime
En confessait l'iniquité.

» — Miséricorde!
Frères, laissez-vous attendrir;
Priez pour que le ciel accorde
Au condamné qui va mourir
    Miséricorde. »

Autour du char noir, pas à pas,
Des Trépassés l'ordre s'avance;
La croix d'airain, qu'on ne voit pas,
Sous un crêpe noir les devance.

Chacun d'eux a le front couvert
Du voile pour ses yeux ouvert;
Au *De profundis* qu'il murmure
La foule en s'inclinant répond,
Et sous un noir linceul de bure
On croit voir à la sépulture
Des morts conduire un moribond.

« Miséricorde !
Frères, laissez-vous attendrir ;
Priez pour que le ciel accorde
Au condamné qui va mourir
Miséricorde. »

« — Le voilà, ma sœur, le voilà !
Que de beauté ! que de courage !
Et si jeune !... Quoi ! tout cela
Va périr à la fleur de l'âge.
— Femmes, ne plaignez pas sa fin :
Moins féroce est dans l'Apennin

CHANT VIII.

Le loup qui sort de son repaire.
— Beppo, vous êtes rigoureux;
Pensez aux siens qu'il désespère :
S'il vit encor, son pauvre père,
Ah! que son père est malheureux!

» — Miséricorde!
Frères, laissez-vous attendrir;
Priez pour que le ciel accorde
Au condamné qui va mourir
Miséricorde.

» — Est-ce un rêve? voyez, ma sœur!
Non, par l'eau sainte du baptême!
Regardez bien le confesseur :
C'est le frère Adrien lui-même.
La mort est peinte sur ses traits;
A l'angoisse que tu souffrais,
Jésus, la sienne est comparable :
A peine il peut se soutenir;
Plus pâle que ce misérable,

On dirait qu'il est le coupable
Et que c'est lui qu'on va punir.

» — Miséricorde !
Frères, laissez-vous attendrir ;
Priez pour que le ciel accorde
Au condamné qui va mourir
Miséricorde.

» Il veut boire avec lui le fiel
Répandu sur sa dernière heure ;
Sans que son cœur revienne au ciel,
Il ne souffrira pas qu'il meure.
Mais en vain tu lui parles bas,
Bon ange, en vain tu te débats
Contre Satan qui veut sa proie ;
Cet ingrat, que n'a pas contrit
L'amertume où ton cœur se noie,
Dans son abominable joie
Insulte à tes pleurs et sourit.

CHANT VIII.

» — Miséricorde!
Frères, laissez-vous attendrir ;
Priez pour que le ciel accorde
Au condamné qui va mourir
　　Miséricorde.

» — Le monstre! il vient de repousser
Du Sauveur la divine image.
Frère Adrien veut l'embrasser ;
Mais il détourne le visage.
Voyez-vous briller dans son œil
Des damnés l'infernal orgueil,
Tandis que près de nous il passe?
Au prêtre, grand Dieu, qu'a-t-il dit?
— Quoi, ma sœur, quoi? Parlez, de grâce
— Il vient de lui dire à voix basse :
O mon père, soyez maudit !

» — Miséricorde!
Frères, laissez-vous attendrir ;
Priez pour que le ciel accorde
Au condamné qui va mourir
　　Miséricorde.

LE PRÊTRE.

» A la chapelle on l'a conduit.
Tout un jour perdu dans l'attente!
Restons encor; voici la nuit!
Il mourra sans qu'il se repente.
Il sort; qu'il est fier en montant!
Nous touchons à l'horrible instant :
Dans mes mains ma tête se cache;
Mais, Beppo, regardez pour nous;
Eh bien? — Le prêtre à lui s'attache.
— Après? — De ses bras on l'arrache.
— Enfin? — Rien : j'ai fait comme vous.

» — Miséricorde!
Frères, laissez-vous attendrir;
Priez pour que le ciel accorde
Au pécheur qui vient de mourir
    Miséricorde. »

La foule recule en s'ouvrant
Pour deux corps qui traversent Rome,
Pour un mort et pour un mourant :
Le criminel et le saint homme.

Elle murmure, à leur aspect,
Avec horreur, avec respect,
Deux noms diversement célèbres.
L'*Ave* sonne; la nuit descend,
Et l'écho de ces mots funèbres,
Qui s'éteignent dans les ténèbres,
Par degrés va s'affaiblissant :

« — Miséricorde!
Frères, laissez-vous attendrir;
Priez pour que le ciel accorde
Au pécheur qui vient de mourir
    Miséricorde. »

LA VILLA ADRIENNE.

Rome.

En paix sous les ombrages
Du palais d'Adrien,
Errez, buffles sauvages;
César n'en saura rien.

Plus de gardes fidèles
Au seuil de ses vergers!
Ils n'ont pour sentinelles
Que les chiens des bergers.

Mais ce palais superbe,
Quel bois peut le cacher?
— Passant, plus loin, sous l'herbe,
C'est là qu'il faut chercher.

— Merci, merci, vieux pâtre!
Et ces marbres épars,
Quels sont-ils? — Au théâtre,
La loge des Césars.

— Mais de leurs bains antiques
Où trouver les débris?
— Parmi ces mosaïques,
Où boivent mes brebis.

— En quel lieu sur l'arène
Luttaient les chars rivaux?
— Où tu vois dans la plaine
Courir ces deux chevreaux.

LA VILLA ADRIENNE.

— De Tempé quels bocages
Ont porté le doux nom?
— Tempé n'a plus d'ombrages;
Mais c'était là, dit-on.

— L'Alphée au moins serpente
Entre ces deux coteaux?
— Non; je m'assieds et chante
Où serpentaient ses eaux.

— Grèce, qu'un frais bocage
Ici vit refleurir,
Même dans ton image
Tu devais donc mourir.

Non, tu n'as plus d'asile :
Le lierre en ces vallons
A tes dieux qu'on exile
Offre seul des festons.

De ta noble poussière
Ses rameaux sont amis ;
Mais il n'est que le lierre
De fidèle aux débris

Prends ce faible salaire,
Berger, c'est moins que rien :
Prends, et bois pour me plaire
A César Adrien.

LA
FLEUR DU COLISÉE.

Rome.

Ah! que le jour lui tardait!
Pour éclore, elle attendait,
Cette fleur du Colisée,
Que le soleil, à travers
Un des arceaux entr'ouverts,
En s'éveillant l'eût baisée.

LA FLEUR DU COLISÉE.

Comme un gage de sa foi,
Nisita cueillit pour moi
Cette fleur du Colisée ;
Quand sa main vint me l'offrir,
Je vis la fleur s'entr'ouvrir :
Ses lèvres l'avaient baisée.

Un parfum plus doux encor
S'exhalait des feuilles d'or
De la fleur du Colisée ;
« Je crois, dis-je à Nisita,
Que votre souffle y resta
Quand vos lèvres l'ont baisée.

» Je la tiens de votre amour ;
Elle vivra plus d'un jour,
Cette fleur du Colisée. »
Je le crus, mais dans ma main
La fleur s'effeuilla soudain,
Tant mes lèvres l'ont baisée !

LA FLEUR DU COLISÉE.

Et j'ai dit, quand mon amour
A joint ses débris d'un jour
Aux débris du Colisée :
« Tout passe, et tant de grandeur
Passera comme la fleur
Que nos lèvres ont baisée. »

UN MIRACLE.

POEME.

CHANT PREMIER.

LE RETOUR DU BAL.

Florence.

« O Vanina, je plains votre veuvage ;
Vous l'aimiez tant, cet époux qui n'est plus !
Partez, fuyez : faut-il sur ce rivage
Vous consumer de regrets superflus ! »

Pour la Toscane aux campagnes fleuries
Elle a quitté les lagunes chéries,
Où ses beaux yeux pleuraient soir et matin ;
Et de l'Arno les bords ont tant de charmes
Que le sourire est éclos sous ses larmes
Aux doux rayons du soleil florentin.

Qui n'a pas vu l'ange de la Toscane,
L'ange aux yeux bleus, l'enfant de Vanina,
Le cher objet de son culte profane,
L'unique enfant que l'hymen lui donna ?
Sans cette fleur que son cœur divinise,
Sans cette fille, eût-elle fui Venise ?
Comment jamais en former le dessein,
De l'accomplir où trouver le courage,
Si Vanina n'eût senti ce doux gage
D'un chaste amour s'agiter dans son sein ?

Dieu, quelle enfant ! elle est belle, mais belle...
Rien je n'ai vu de pareil en beauté.

CHANT I.

Rêvez donc mieux ; opposez un modèle,
Même en peinture, à la réalité.
Courez Pitti ; cherchez dans la Rotonde
Chef-d'œuvre égal à cette tête blonde.
Voici l'Albane et Raphaël d'Urbin :
Cherchez... Mais non ; de leur main renommée
Onc ne vola sur la toile animée
Amour si beau ni si beau chérubin.

Le croiriez-vous ? j'en douterais moi-même
Si Vanina ne m'eût fait ses aveux :
Le croiriez-vous ? jamais l'eau du baptême
De cet enfant n'a mouillé les cheveux.
Je vous surprends ; mais c'est ainsi. Sa mère
A fait un vœu dans sa douleur amère :
Serment de veuve ! et ce n'est pas chez vous,
Bons habitants de la chaude Italie,
Ailleurs ne sais, que jamais veuve oublie
Le serment fait à l'ombre d'un époux.

Elle a promis à cette ombre adorée,
Le bras tendu vers son froid monument,

Que de Saint-Marc la coupole dorée
Serait témoin du pieux sacrement.
C'était lui dire : « A revoir, toi que j'aime!
Si je te fuis pour un autre toi-même,
Je reviendrai de la cité des fleurs,
Et, sur le marbre où glacé tu reposes,
Nous serons deux pour effeuiller les roses ;
Deux nous serons pour répandre des pleurs. »

« — Eh! pourquoi donc n'être pas revenue?
A-t-elle eu peur des brigands sur nos monts?
De miss Nelfort l'aventure est connue,
Et les a faits plus noirs que des démons.
— Bon! toujours vain, le voyageur vulgaire
Parle beaucoup de ceux qu'il ne voit guère.
Comme romans, tous ces faits sont niés
Par Vanina, disant quand on les conte :
A beau mentir qui sur l'Apennin monte!
Et nos brigands sont bien calomniés.

» — A-t-elle eu peur du feu qui sur la crête
D'un volcan mort brille à Pietra-Mala?

CHANT I.

— Non : de l'enfer la flamme l'inquiète ;
Mais elle rit de cette flamme-là.
— Lors elle a craint en fendant les lagunes
De l'Océan les grandes infortunes.
— Non; elle sait qu'en dépit des autans,
L'eau si bien dort aux sables de Fusine,
Que du rameur la voiture marine
Peut sur l'azur y glisser en tous temps.

» — Elle aurait donc, cette mélancolique,
Qui tant pleurait, oublié son époux,
Comme le sien la mer Adriatique?
— Ah! fi, l'horreur! marquis, que dites-vous?
— Que dans ses fers, loin de l'ombre plaintive,
Ici, comtesse, Amour la tient captive :
Des cœurs de veuve Amour est grand larron.
— De le redire avez-vous bien l'audace!
Tenez, marquis, vous lisez trop Boccace,
Et ce mot-là sent le Décameron.

» — Alors pourquoi? — Par la raison qu'elle aime
Ce que j'aimais quand j'avais mes vingt ans :

Théâtre, bal, course, et douceur suprême
Du *far niente*, ce roi des passe-temps.
Elle aime tout, mais encor plus sa fille ;
Quand de Léa l'œil animé pétille,
Sous ses regards, de joie et de santé,
Son cœur se pâme, un doux émoi l'inonde,
Et, j'en conviens, elle oublirait le monde
Pour un souris de cet enfant gâté. »

Sur ses cheveux poser une rosette,
Puis la baiser ; y joindre un bijou d'or,
Puis la baiser ; ouvrir sa collerette,
Puis la baiser, et la baiser encor ;
Puis dans son char faire à la ville entière
Voir cet amour qui rit à sa portière ;
Puis, quand David chante à la Pergola,
L'y faire voir ; la conduire à l'église,
Pour Dieu d'abord, mais aussi pour qu'on dise :
« Quel bel enfant ! » son bonheur, le voilà.

Avec douceur l'archevêque la blâme :
« Si tout à coup Dieu rappelait à lui

Votre Léa... Calmez-vous! mais son âme,
Où sa chère âme irait-elle aujourd'hui?
Non dans les flots de cette mer ardente,
Si bien décrite aux noirs tercets du Dante,
Mais dans des lieux où le Seigneur défend
Que jamais fille habite avec sa mère,
Et loin du ciel, où vous irez, ma chère...
Comprenez-vous le ciel sans votre enfant?

» — Pour réparer ma coupable imprudence,
Je pars, je pars, bon cardinal Bembo;
Mais ce soir, non : chez le grand-duc je danse,
Et pour Léa ce bal sera si beau!
Mais pas demain : je vais à Vallombreuse,
Et cet espoir rend Léa trop heureuse.
Le jour d'après, comment y consentir?
Dans l'Otello votre grand ténor chante,
Et pour Léa, que la musique enchante.
Mais, cardinal, je promets de partir! »

Elle remet de semaine en semaine;
Pourtant sa fille a cinq ans révolus.

Mais honneur soit à la pourpre romaine !
Au cardinal on ne résiste plus
Passé demain, où la fille accompagne
Sa mère au bal chez l'envoyé d'Espagne.
Léa le veut : on l'habille en Amour.
Quoi ! sur ses yeux une gaze légère !
On l'ôtera, j'en jure par sa mère ;
Ce bal vaut bien qu'on retarde d'un jour.

Il vient, ce jour ; l'enfant ouvre avec peine
Ses yeux battus ; oui, Léa n'est pas bien.
Quatre docteurs sont venus, hors d'haleine,
Et, tous les quatre, ils ont dit : « Ce n'est rien. »
Un tel accord m'eût donné des alarmes ;
Mais de la mère il a séché les larmes.
Vous comprenez qu'elle renonce au bal ;
Puis elle cède à la voix d'une amie :
« Oui, quand Léa sera bien endormie,
Tout à fait bien, j'irai donc ; mais c'est mal. »

L'épi d'argent, jeté vaille que vaille,
Se mêle aux fleurs qu'on pose en la coiffant ;

CHANT I.

Que voulez-vous? Sans cesse il faut qu'elle aille
De sa toilette au berceau de l'enfant.
Son corps qui fuit par trois fois se dérobe
Aux bras levés qui lui tendaient sa robe :
Tout en dormant son bel ange parlait.
Le landau part, il est parti... Mais, folle,
Elle revient, et vers son enfant vole :
Elle a rêvé que Léa l'appelait.

Bal enchanteur!... quels accords! quelle ivresse!
Feux suspendus, reflets des diamants,
Tout l'éblouit, et d'un peu de tristesse
Ses yeux voilés, n'en sont que plus charmants.
Elle ne peut entendre le mot belle,
Sans regarder si sa fille est près d'elle.
« Vous vous trompez, pour être plus à nous
De votre effroi devenez donc maîtresse :
Car c'est à vous, Vanina, qu'on s'adresse,
Et ce mot belle, il était dit pour vous. »

L'archet vainqueur l'entraîne enfin, l'emporte
Entre les bras ouverts pour l'enlacer,

Quand ce murmure : « Elle expire, elle est morte! »
En l'arrêtant soudain vient la glacer.
« Morte! qui donc? mon enfant!... » Elle tombe,
Puis, rappelant sa force qui succombe,
Elle renaît, semble vivre à moitié,
Et par l'effort d'une vertu plus mâle
Sur ses genoux se relève, mais pâle,
Pâle à navrer tous les cœurs de pitié.

Comme elle eût fui vers sa fille élancée,
Si la stupeur n'eût enchaîné ses pas;
Elle est muette, immobile, insensée,
N'entend plus rien, ne voit plus, ne sent pas.
Mais sur son front ses cheveux se hérissent;
Mais regardez ses bras qui se roidissent,
Sans rendre un son, ses lèvres se mouvant :
Beauté, douleur, épouvante et silence,
C'est la statue, idole de Florence;
De Niobé c'est le marbre vivant.

Un cri perçant sort du fond de son âme.
Loin du palais; pour l'atteindre, volez!

Car sa terreur a des ailes de flamme.
Brillants et fleurs au vent s'en sont allés ;
Contre la pierre en fuyant elle frappe
Son pied sanglant, qui du satin s'échappe ;
Mais elle arrive ; elle court au berceau,
Désespérée, et pourtant elle espère.
Hélas ! en vain, ce berceau, pauvre mère,
N'en est plus un : ce n'est plus qu'un tombeau.

D'un mal soudain l'atteinte convulsive
T'a ravi tout ; oui, tout en un moment.
« Et j'étais loin, lorsque sa voix plaintive
A son secours m'appelait vainement !
Léa, Léa ! pourquoi l'ai-je quittée ?
Comme à la mort je l'aurais disputée !
Ah ! d'une mère un baiser peut guérir ;
Mais je riais, mais l'enfant que j'adore,
Léa mourait et je dansais encore :
Morte est Léa, je n'ai plus qu'à mourir.

» Quand je mourrais, me serais-tu rendue,
Moitié de moi, cher plaisir de mes yeux ?

Comme ici-bas, aux cieux je t'ai perdue;
Sans mon enfant quel désert que les cieux!
Et de mes bras pour toujours envolée,
Des bras de Dieu ma fille est exilée,
Et c'est par moi! Mon sort est mérité;
Mais quel tourment qu'une absence éternelle!
Loin d'elle un jour me durait tant! Loin d'elle
Que me sera toute l'Éternité? »

Elle est en proie à cette idée horrible,
Sans que sa voix puisse rien murmurer,
Et ce sommeil si tristement paisible,
Ses yeux hagards s'y fixent sans pleurer.
Lorsque Léa répandait quelques larmes,
Elle accourait palpitante d'alarmes,
Ne rêvant pas de plus affreux malheur;
Et maintenant que lui demande-t-elle?
Ce qui glaçait son âme maternelle,
L'infortunée, un soupir de douleur.

Mais c'en est fait! tes lèvres qui sont closes,
Aimable enfant, jamais ne s'ouvriront,

CHANT I.

Et tes beaux yeux qui disaient tant de choses,
Fermés aussi, plus ne lui parleront.
De Vanina les deux genoux fléchissent,
Et de ses mains les doigts tremblants s'unissent;
Devant le Dieu qui vient de l'accabler,
Sans l'accuser, son respect s'humilie,
Et sa douleur paraît s'être affaiblie,
Puisque ses pleurs commencent à couler.

Elle choisit les roses les plus belles
Que le matin Léa lui vint offrir;
Pauvre Léa, qui, prenant pitié d'elles,
Disait : « Demain, je les verrai mourir. »
Las! elle est morte, et sa mère environne
Son front glacé de leur fraîche couronne.
Ah! laissez-la, les yeux sur son trésor,
Parer ce front plus pâle que l'albâtre :
Plaisir dernier d'un amour idolâtre
Qui veut que morte elle soit belle encor.

Sous les ciseaux sa chevelure crie;
Non pas la tienne; eût-elle, cette main,

Sur tes cheveux, créature chérie,
Porté du fer le tranchant inhumain?
Morne, elle part, prenant avec ses tresses,
Qu'ont tant de fois dénoué tes caresses,
Tous les bijoux dont elle eût fait les tiens ;
Puis, comme au temps où dans ton exigence
Tu te fâchais pour un moment d'absence,
Vers toi se penche, en disant : « Je reviens! »

Sur le chemin qu'elle suit en silence,
Chacun la plaint et n'ose lui parler.
Eh! que lui dire? Est-il cœur à Florence,
Cœur assez froid pour l'oser consoler?
Mais, défaillante, elle ne put se taire
Quand elle vit les murs du baptistère :
« Hier encor, j'aurais pu la sauver;
Et si mes bras, un jour avant sa perte,
A l'eau céleste ici l'avaient offerte,
Mon âme au moins saurait où la trouver. »

Elle entre enfin dans l'église prochaine,
Et, contemplant la Mère des douleurs,

Non loin du seuil où le remords l'enchaîne,
Offre à genoux ses dons mouillés de pleurs.
Humble, elle dit : « Prenez, Vierge adorée,
Ces diamants dont je l'aurais parée,
Et qui pour moi sont des biens superflus ;
Prenez aussi la chevelure blonde,
Qu'elle aimait tant : rien ne m'est plus au monde,
Plus rien jamais, puisque Léa n'est plus ! »

Lors elle prie ; et qu'il était sincère,
Ce repentir si long-temps contenu !
Ah ! cette mère, aux genoux d'une mère,
Eut un langage à la terre inconnu.
Que lui dictait ce repentir si tendre ?
Nul ne l'a su ; mais, ému de l'entendre,
Le marbre saint sembla gémir tout bas,
Et de la Vierge une larme divine
Alla tomber sur la joue enfantine
Du Fils de Dieu, qui dormait dans ses bras.

CHANT DEUXIÈME.

LES LIMBES.

Comme un vain rêve du matin,
Un parfum vague, un bruit lointain,
C'est je ne sais quoi d'incertain
    Que cet empire;
Lieux qu'à peine vient éclairer
Un jour qui, sans rien colorer,
A chaque instant près d'expirer,
    Jamais n'expire.

UN MIRACLE.

Partout cette demi-clarté
Dont la morne tranquillité
Suit un crépuscule d'été,
    Ou de l'aurore
Fait pressentir que le retour
Va poindre au céleste séjour,
Quand la nuit n'est plus, quand le jour
    N'est pas encore !

Ce ciel terne, où manque un soleil,
N'est jamais bleu, jamais vermeil ;
Jamais brise, dans ce sommeil
    De la nature,
N'agita d'un frémissement
La torpeur de ce lac dormant,
Dont l'eau n'a point de mouvement,
    Point de murmure.

L'air n'entr'ouvre sous sa tiédeur
Que fleurs qui, presque sans odeur,

Comme les lis ont la candeur
    De l'innocence;
Sur leur sein pâle et sans reflets
Languissent des oiseaux muets :
Dans le ciel, l'onde et les forêts,
    Tout est silence.

Loin de Dieu, là, sont renfermés
Les milliers d'êtres tant aimés,
Qu'en ces bosquets inanimés
    La tombe envoie.
Le calme d'un vague loisir,
Sans regret comme sans désir,
Sans peine comme sans plaisir,
    C'est là leur joie.

Là, ni veille ni lendemain !
Ils n'ont sur un bonheur prochain,
Sur celui qu'on rappelle en vain,
    Rien à se dire.

Leurs sanglots ne troublent jamais
De l'air l'inaltérable paix ;
Mais aussi leur rire jamais
    N'est qu'un sourire.

Sur leurs doux traits que de pâleur !
Adieu cette fraîche couleur
Qui de baiser leur joue en fleur
    Donnait l'envie !
De leurs yeux, qui charment d'abord,
Mais dont aucun éclair ne sort,
Le morne éclat n'est pas la mort,
    N'est pas la vie.

Rien de bruyant, rien d'agité
Dans leur triste félicité !
Ils se couronnent sans gaîté
    De fleurs nouvelles.
Ils se parlent, mais c'est tout bas ;
Ils marchent, mais c'est pas à pas ;

Ils volent, mais on n'entend pas
    Battre leurs ailes.

Parmi tout ce peuple charmant,
Qui se meut si nonchalamment,
Qui fait sous son balancement
    Plier les branches,
Quelle est cette ombre aux blonds cheveux,
Au regard timide, aux yeux bleus,
Qui ne mêle pas à leurs jeux
    Ses ailes blanches?

Elle arrive, et, fantôme ailé,
Elle n'a pas encor volé;
L'effroi dont son cœur est troublé,
    J'en vois la cause :
N'est-ce pas celui que ressent
La colombe qui, s'avançant
Pour essayer son vol naissant,
    Voudrait et n'ose?

Non; dans ses yeux roulent des pleurs.
Belle enfant, calme tes douleurs;
Là sont des fruits, là sont des fleurs
 Dont tu disposes.
Laisse-toi tenter, et, crois-moi,
Cueille ces roses sans effroi;
Car, bien que, pâles comme toi,
 Ce sont des roses.

Triomphe en tenant à deux mains
Ta robe pleine de jasmins;
Et puis, courant par les chemins,
 Va les répandre.
Viens, tu prendras en le guettant
L'oiseau qui, sans but voletant,
N'aime ni ne chante, et partant
 Se laisse prendre.

Avec ces enfants tu joûras;
Viens, ils tendent vers toi les bras :

On danse tristement là-bas,
      Mais on y danse.
Pourquoi penser, pleurer ainsi?
Aucun enfant ne pleure ici,
Ombre rêveuse; mais aussi
      Aucun ne pense.

Dieu permet-il qu'un souvenir
Laisse ton cœur entretenir
D'un bien qui ne peut revenir
      L'idée amère?
« — Oui, je me souviens du passé,
Du berceau vide où j'ai laissé
Mon rêve à peine commencé,
      Et de ma mère. »

CHANT TROISIEME.

JÉSUS-CHRIST DANS LES LIMBES.

Bruit qui viens d'éclore,
Frappe les échos!
Frémis, bois sonore!
Soulevez-vous, flots
Qui dormez encore!

UN MIRACLE.

Sors, en les chassant,
De ces brumes sombres,
Jour éblouissant!
Déchirez-vous, ombres!
Jésus-Christ descend.

C'est l'astre sans déclin, c'est le soleil du juste
Devant sa face auguste,
Bruits, parfums et couleurs, tout a ressuscité;
Reprenant sa parure avec sa mélodie,
La nature engourdie
Se ranime aux rayons de la Divinité;
Et des bois murmurants à qui les bois répondent,
Des champs, des airs, des eaux dont les voix se confondent,
S'élève un cri sublime, un concert enchanteur,
Un hymne d'allégresse et de reconnaissance,
Adressé par la vie à la toute-puissance
De son éternel Créateur.

La foule exilée
Qui peuple ces bords

Suspend sa volée
Aux premiers accords
Que rend la vallée.

Frappés dans leurs jeux
Par l'éclat rapide
Qui jaillit des cieux,
De leur main timide
Ils couvrent leurs yeux.

Mais Jésus-Christ paraît, sourit, et son sourire,
    Dont ne se peut décrire,
Sans un pinceau divin, l'ineffable bonté,
Semble s'épanouir sur leurs traits qu'il colore
    Comme une fraîche aurore
Sur les fleurs dont l'éclat réfléchit sa beauté.
Pourtant, n'osant céder au charme qui l'attire,
Chacun d'eux en tremblant s'avance et se retire,
Lorsque Jésus leur dit, pour calmer cet effroi,
D'un son de voix plus doux, plus caressant encore

Que l'appel d'une mère à son fils qu'elle adore :
« Petits enfants, venez à moi ! »

Tout l'essaim se mêle,
S'envole, et, pareil
A la blanche grêle
Qui brille au soleil,
Tombe pêle-mêle.

L'un en s'abattant
A la main s'attache,
D'orgueil palpitant ;
L'autre, au lin sans tache
Du manteau flottant.

Celui-ci, qui s'agite autour de l'auréole,
A travers ses feux vole,

Comme le papillon par la flamme attiré;
Le plus hardi de tous plane un moment et pose
    Ses deux lèvres de rose
Sur les cheveux du Christ et sur son front sacré.
Il les traîne après soi comme des tourterelles,
Becquetant ses habits, sautant, battant des ailes,
Luttant et se heurtant dans leurs débats jaloux;
Puis il lève sur eux ses deux mains bénissantes,
Et tous, courbant soudain leurs têtes innocentes,
    Ils sont tombés à ses genoux.

    La charmante image
    Que ces chérubins
    Courbant leur visage
    Et joignant leurs mains
    Pour lui rendre hommage!

    L'air silencieux,
    L'eau sous la bruyère,
    L'oiseau dans les cieux,
    Comme eux en prière;
    Sont muets comme eux.

L'onde, qu'aux bords voisins le Sauveur a puisée,
Brille, tombe en rosée,
Et leur front virginal est à peine humecté,
Qu'une flamme divine à l'entour étincelle,
Que leur beauté nouvelle
Rayonne d'existence et d'immortalité.
« Allez, leur dit Jésus, allez trouver Marie ;
Aux pleurs du repentir elle s'est attendrie,
Et mon Père, à sa voix, vous a délivrés tous.
Allez, petits élus de la grâce éternelle,
Jouer aux pieds du Dieu qui d'exil vous rappelle ;
Pour la patrie envolez-vous ! »

Un cri sous l'ombrage
S'élève, et montant,
Comme un blanc nuage,
Ce peuple en chantant
Part pour son voyage.

Suivant d'un vol sûr
Sa route inconnue

CHANT III.

A travers l'air pur,
La joyeuse nue
Se perd dans l'azur.

Restait une ombre encore, au rivage attachée,
    Qui, la tête penchée,
Ouvrait ses grands yeux bleus de surprise interdits.
Muette sous ses pleurs, pensive et solitaire,
    En rêvant à la terre
Elle oubliait les cieux et leur doux paradis.
Tout émue à l'aspect de Jésus qui s'avance,
De peur d'être surprise en désobéissance,
Elle aussi, mais sans joie, avait pris son essor.
Quand le Dieu la retient par le bout de son aile,
Puis l'entoure d'un bras, puis s'envole avec elle
    En lui disant : « Toi, pas encor! »

    L'enfant, dans l'étreinte
    Sur lui se serrant,
    A la barbe sainte
    Des deux mains se prend,
    Et dit avec crainte :

UN MIRACLE.

« Ange aux yeux si doux,
Vers quelle demeure
Tous deux volons-nous?
A celle qui pleure
Me rapportez-vous? »

CHANT QUATRIÈME.

LE RETOUR DE L'ÉGLISE.

Sur les flèches de marbre et les dômes pieux,
Les palais crénelés de la cité ducale,
Jamais ciel embaumé des parfums qu'elle exhale
N'a versé les splendeurs d'un jour plus radieux.
Jamais zéphyr plus doux n'a rafraîchi pour elle
Des jardins Boboli la verdure éternelle.

L'abondance et la vie assiégent ses abords ;
Son peuple en souriant s'éveille ;
Tout est bruit, mouvement, lumière sur ses bords,
Tout est bonheur comme la veille.

Ainsi le deuil sur nous jette son crêpe affreux,
Et l'aube, qui revêt le même habit de fête,
Les roses dans les mains, les roses sur la tête,
Se lève comme aux jours où nous étions heureux.
Le soleil suit encor sa route accoutumée ;
La brise qui soufflait passe encor parfumée ;
Il rend, ce même fleuve, un murmure aussi doux ;
Des mêmes feux son cours s'enflamme :
Ainsi le même espoir vit sur le front de tous,
Quand l'espoir est mort dans notre âme.

Un être a disparu, tout manque à Vanina ;
Et, cet être adorable, il ne manque à personne.
On le nomme pourtant ; on le plaint ; on frissonne
En demandant quel mal sitôt le moissonna.

Mais de qui sera-t-il le cher et triste rêve?
Que le tour du soleil ou commence ou s'achève,
Qui rêvera toujours son sourire ingénu,
  Hors l'inconsolable victime?
Il laisse à peine un vide aux cœurs qui l'ont connu;
  Dans le sien il laisse un abîme.

Seule, elle vint remplir un douloureux devoir,
Et, seule, elle revient pour être seule encore.
Elle reverra seule un nouveau jour éclore;
Seule, elle reverra tomber l'ombre du soir.
Que lui font et les fleurs et leur fraîche peinture,
Et les flots, et la brise, et toute la nature?
L'azur du ciel que seul on regarde toujours
  Pour nos tristes yeux perd ses charmes :
Sombre comme la nuit est le plus beau des jours
  Qu'on ne voit qu'à travers ses larmes.

Hélas! c'était hier, et qu'il est loin, ce temps,
Où, d'un pied matinal, elle allait en cachette

Chercher dans ces joyaux qu'à prix d'or on achète,
Pour contenter Léa, quelques riens éclatants.
Ravie, elle rentrait d'ivresse palpitante;
Mais de qui désormais combler la douce attente?
Reverra-t-elle encor l'objet d'un fol amour
      Venir d'une course légère,
En regardant ses mains, lui dire à son retour :
      Que me rapportez-vous, ma mère?

Qu'il est grand, ce salon que Léa remplissait!
Qu'il est morne et désert! sur cette mosaïque,
Où vient mourir du jour l'éclat mélancolique,
Sont épars les débris d'un jeu qui commençait :
Le château dont son souffle a causé la ruine,
Près du frêle appareil de sa table enfantine.
Triste et comme orphelin, son jouet préféré,
      Plus loin, penche un front morne où brille
Le nœud dont pour un bal ses mains l'avaient paré,
      Car, elle aussi, parait sa fille.

Ces témoins d'un bonheur envolé sans espoir,
Ton siége vide, enfant, la soie encor froissée

Par l'empreinte qu'hier ton sommeil a laissée,
Vanina les regarde et les fuit pour te voir.
La voilà dans la chambre où de ta voix si chère
Le premier cri si doux lui dit qu'elle était mère,
Et la chambre voisine est celle... Quelques pas
   Lui rendront les traits qu'elle adore;
Elle approche, s'arrête, et ne respire pas :
   Insensée, elle écoute encore.

Son front découragé s'abaisse tristement.
Vers la porte trois fois sa main s'est avancée;
Mais en vain, et trois fois sa main sans mouvement
Retombe de terreur impuissante et glacée.
Ce plaisir déchirant, elle veut le goûter,
En navrer ses regards, et ne l'ose affronter.
Le cœur lui manque enfin; ses pensers se confondent,
   Elle succombe à ses combats,
Se couche sur le seuil que ses larmes inondent,
   Et le baise en disant tout bas :

   « Hier l'espoir me rendait forte;
   Mais mon cœur s'est brisé depuis.

Te voir pâle, immobile et morte,
Je ne puis, Léa, je ne puis!

» Des morts je sentirais la pierre
Oppresser ta blanche paupière;
Car il est passé, cher amour,
Le temps où mon regard avide
Se noyait dans l'azur humide
De tes yeux qui s'ouvraient au jour.

» Je dirais, regardant ta tête :
A la couvrir la nuit s'apprête,
Hélas! et ses cheveux bouclés
Seront là sur sa froide couche,
Sans que jamais l'ivoire y touche
Quand leurs anneaux seront mêlés.

» Jamais plus je ne dois l'entendre,
Au jour, de son berceau descendre;

CHANT IV.

Sur mon oreiller jamais plus
Je ne te dois, ma bien-aimée,
Faire ta place accoutumée,
Au bruit de tes petits pieds nus.

» Je ne puis! hier j'étais forte,
Mais mon cœur s'est brisé depuis :
Te voir pâle, immobile et morte,
Je ne puis, Léa, je ne puis.

» Pardon, ma fille, si ta mère
Dans son amour te fut sévère!
Hélas! aurais-je pu prévoir
Qu'un jour, à ta porte étendue,
Je dirais sans être entendue :
Es-tu morte sans m'en vouloir?

» Quand on le perd, l'être qu'on aime,
Le cœur retombe sur lui-même

Pour se reprocher tous ses torts;
Et l'heure où rien n'est réparable
Est pour nous l'heure inexorable
De la mémoire et des remords.

» Ah! je veux que tu me pardonnes,
Que de tes bras tu m'environnes;
Je le veux, ma fille, et je cours...
Mais si, pour que leur nœud m'enlace,
Autour de mon cou je les passe,
Tes bras retomberont toujours.

» Je ne puis! hier j'étais forte;
Mais mon cœur s'est brisé depuis :
Te voir pâle, immobile et morte,
Je ne puis, Léa, je ne puis!... »

Elle dit, et, l'œil sec, tout à coup se redresse;
Elle ouvre, elle entre; ô ciel!... mères, qui les sentez,

Ne me demandez pas de peindre son ivresse,
L'excès presque divin de ses félicités.
Léa, qu'elle pleurait, Léa, morte la veille,
Jouait dans son linceul souriante et vermeille ;
Léa, plus belle encor de ses fraîches couleurs
     Sous les plis de ce blanc suaire,
Ouvrit ses petits bras et lui tendit les fleurs
     De sa couronne mortuaire.

UNE ÉTOILE
SUR LES LAGUNES.

Venise.

Luis sur nous, étoile charmante,
Muet témoin de nos douleurs !
A minuit, mon amie absente
Te regarde en versant des pleurs.

Dans les cieux, où ton cours t'emporte,
Tu sembles rêver et souffrir,

Comme moi sur cette onde morte,
Où ton pâle éclat vient mourir.

Mornes soleils, clartés paisibles
Qui nous versez des feux si doux,
A nos maux êtes-vous sensibles ?
Aimez-vous aussi comme nous ?

En maudissant son esclavage,
Peut-être un astre, tes amours,
Roule son éternel veuvage
Loin du cercle que tu parcours ;

Ou peut-être, si tu vois poindre
Son globe amoureux dans les airs ;
Si vos rayons pour se rejoindre
Des cieux traversent les déserts ;

SUR LES LAGUNES.

C'est à des siècles d'intervalle,
Quand sur nous il vient en passant,
De sa chevelure fatale
Déployer l'éclat menaçant.

Avec tes feux sa flamme errante
Se confond dans l'immensité :
La terre tremble d'épouvante,
Et tu frémis de volupté.

Mais vainement tu le rappelles ;
Il fuit, il fuit, et, pour adieux,
Lance vers toi les étincelles
Qu'il secoue au penchant des cieux.

Comme un phare à travers l'orage,
Il voit pâlir ton éclat pur
Sur cet océan sans rivage
Dont il fend les vagues d'azur.

UNE ÉTOILE SUR LES LAGUNES.

Puis un an, puis un siècle passe,
Puis encore un siècle, et ton cours
T'entraîne toujours dans l'espace,
Loin de lui qui te fuit toujours.

Soumise à des lois si funestes,
Que tu dois errer tristement
Dans les solitudes célestes,
Dans les déserts du firmament !

Pleure, pleure, étoile charmante,
Et luis sur nous dans tes douleurs ;
Comme moi, mon amie absente
Te regarde en versant des pleurs.

LE GONDOLIER.

Venise.

« Conduis-moi, beau gondolier,
Jusqu'à Rialto, dit-elle :
Je te donne mon collier,
Et la pierre en est si belle! »
Pourtant elle eut un refus.
« C'est trop peu, sur ma parole,
Pour entrer dans ma gondole.
Non ; Gianetta, je veux plus. »

« Tiens, je sais un lamento ;
Je le chanterai, dit-elle,
En allant à Rialto ;
La musique en est si belle ! »
Pourtant elle eut un refus :
« Quoi ! pour une barcarole,
Vous, entrer dans ma gondole !
Non ; Gianetta, je veux plus. »

Son chapelet dans les mains,
« Tiens, le veux-tu ? lui dit-elle :
L'évêque en bénit les grains,
Et la croix en est si belle ! »
Pourtant elle eut un refus :
« Quoi, pour ce pieux symbole,
Vous, entrer dans ma gondole !
Non ; Gianetta, je veux plus. »

Sur le canal cependant
Je le vis ramer près d'elle,

LE GONDOLIER.

Et rire en la regardant.
Qu'avait donné cette belle?
Elle aborda, l'air confus.
Lui, fidèle à sa parole,
Remonta dans sa gondole
Sans rien demander de plus.

L'AME DU PURGATOIRE.

Venise.

Mon bien-aimé, dans mes douleurs,
Je viens de la cité des pleurs,
Pour vous demander des prières.
Vous me disiez, penché vers moi :
« Si je vis, je prirai pour toi. »

14.

Voilà vos paroles dernières.
  Hélas! hélas!
Depuis que j'ai quitté vos bras,
Jamais je n'entends vos prières.
  Hélas! hélas!
J'écoute, et vous ne priez pas.

« Puisse au Lido ton âme errer, »
Disiez-vous, « pour me voir pleurer! »
Elle s'envola sans alarme.
Ami, sur mon froid monument
L'eau du ciel tomba tristement,
Mais de vos yeux, pas une larme.
  Hélas! hélas!
Ce Dieu qui me vit dans vos bras,
Que votre douleur le désarme!
  Moi seule, hélas!
Je pleure, et vous ne priez pas.

Combien nos doux ravissements,
Ami, me coûtent de tourments,

DU PURGATOIRE.

Au fond de ces tristes demeures!
Les jours n'ont ni soir ni matin ;
Et l'aiguille y tourne sans fin,
Sans fin, sur un cadran sans heures.
  Hélas! hélas!
Vers vous, ami, levant les bras,
J'attends en vain dans ces demeures.
  Hélas! hélas!
J'attends, et vous ne priez pas.

Quand mon crime fut consommé,
Un seul regret eût désarmé
Ce Dieu qui me fut si terrible.
Deux fois, prête à me repentir,
De la mort qui vint m'avertir
Je sentis l'haleine invisible.
  Hélas! hélas!
Vous étiez heureux dans mes bras,
Me repentir fut impossible.
  Hélas! hélas!
Je souffre, et vous ne priez pas.

Souvenez-vous de la Brenta,
Où la gondole s'arrêta,
Pour ne repartir qu'à l'aurore ;
De l'arbre qui nous a cachés,
Des gazons... qui se sont penchés,
Quand vous m'avez dit : « Je t'adore. »
    Hélas ! hélas !
La mort m'y surprit dans vos bras,
Sous vos baisers tremblante encore.
    Hélas ! hélas !
Je brûle, et vous ne priez pas.

Rendez-les-moi, ces frais jasmins,
Où, sur un lit fait par vos mains,
Ma tête en feu s'est reposée.
Rendez-moi ce lilas en fleurs,
Qui, sur nous secouant ses pleurs,
Rafraîchit ma bouche embrasée.
    Hélas ! hélas !
Venez m'y porter dans vos bras,
Pour que j'y boive la rosée.
    Hélas ! hélas !
J'ai soif, et vous ne priez pas.

DU PURGATOIRE. 215

Dans votre gondole, à son tour,
Une autre vous parle d'amour;
Mon portrait devait lui déplaire.
Dans les flots son dépit jaloux
A jeté ce doux gage, et vous,
Ami, vous l'avez laissé faire.
  Hélas! hélas!
Pourquoi vers vous tendre les bras?
Non, je dois souffrir et me taire.
  Hélas! hélas!
C'en est fait, vous ne prîrez pas.

Adieu, je ne reviendrai plus
Vous lasser de cris superflus,
Puisqu'à vos yeux une autre est belle.
Ah! que ses baisers vous soient doux!
Je suis morte, et souffre pour vous.
Heureux d'aimer, vivez pour elle.
  Hélas! hélas!
Pensez quelquefois, dans ses bras,
A l'abîme où Dieu me rappelle.
  Hélas! hélas!
J'y descends, ne m'y suivez pas!

LA VACHE PERDUE.

Dans le Simplon.

Ah! ah!... de la montagne
Reviens, Néra, revien!
Réponds-moi, ma compagne,
Ma vache, mon seul bien.
La voix d'un si bon maître,
    Néra,

LA VACHE PERDUE.

Peux-tu la méconnaître?
  Ah! ah!
  Néra!

Reviens, reviens, c'est l'heure
Où le loup sort des bois;
Ma chienne, qui te pleure,
Répond seule à ma voix :
Hors l'ami qui t'appelle,
  Néra,
Qui t'aimera comme elle?
  Ah! ah!
  Néra!

Dis-moi si dans la crèche,
Où tu léchais ma main,
Tu manquas d'herbe fraîche
Quand je manquais de pain.
Nous n'en avions qu'à peine,
  Néra,

Et ta crèche était pleine.
  Ah! ah!
  Néra!

Hélas! c'est bien sans cause
Que tu m'as délaissé.
T'ai-je dit quelque chose
Hors un mot, l'an passé?
Oui, quand mourut ma femme,
  Néra,
J'avais la mort dans l'âme.
  Ah! ah!
  Néra!

De ta mamelle avide,
Mon pauvre enfant crira;
S'il voit l'étable vide,
Qui le consolera?
Toi, sa mère nourrice,
  Néra,

Veux-tu donc qu'il périsse?
Ah! ah!
Néra!

Lorsqu'avec la pervenche
Pâque refleurira,
Des rameaux du dimanche
Qui te couronnera?
Toi, si bonne chrétienne,
Néra,
Deviendras-tu païenne?
Ah! ah!
Néra!

Quand les miens en famille
Fêtaient les rois entre eux,
Je te disais : Ma fille,
Ma part est à nous deux.
A la fève prochaine,
Néra,

LA VACHE PERDUE.

Tu ne seras pas reine,
    Ah! ah!
    Néra!

Ingrate! quand la fièvre
Glaçait mes doigts roidis,
Otant mon poil de chèvre,
Sur vous je l'étendis.
Faut-il que le froid vienne,
    Néra,
Pour qu'il vous en souvienne?
    Ah! ah!
    Néra!

Adieu! sous mon vieux hêtre
Je m'en reviens sans vous.
Allez chercher pour maître
Un plus riche que nous.
Allez, mon cœur se brise,
    Néra!...

Pourtant, Dieu te conduise!
Ah! ah!
Néra!

Je n'ai pas le courage
De te vouloir du mal :
Sur nos monts crains l'orage ;
Crains l'ombre dans le val.
Pais long-temps l'herbe verte,
Néra ;
Nous mourrons de ta perte.
Ah! ah!
Néra!

Un soir, à ma fenêtre,
Néra, pour t'abriter,
De ta corne peut-être
Tu reviendras heurter.

Si la famille est morte,
    Néra,
Qui t'ouvrira la porte?
    Ah! ah!
    Néra!

LE PASSAGE
DU
MONT SAINT-BERNARD.

Dans les Alpes.

En avant, garde consulaire !
Vois-tu briller sur l'étendard
Ce beau jour dont l'azur éclaire
Les blancs sommets du Saint-Bernard ?
Ce jour, levé sur notre gloire,
Sera sans déclin dans l'histoire.

En avant! marchons;
Par delà ces monts,
A travers leurs pics, leurs rocs et leurs glaçons,
Courons
A la victoire!

Honneur au drapeau tricolore!
Fier d'un passage si hardi,
De ses plis il ombrage encore
Le chapeau vainqueur à Lodi.
Par leur fraternité de gloire
Tous deux ils vivront dans l'histoire.

En avant! marchons;
Par delà ces monts,
A travers leurs pics, leurs rocs et leurs glaçons,
Courons
A la victoire!

Soldats, point de bras inutiles!
Que l'airain traîné sur ces mers

Sillonne leurs flots immobiles
Durcis par d'éternels hivers :
D'échos en échos dans l'histoire
Ses coups publiront notre gloire.

  En avant! marchons ;
  Par delà ces monts,
A travers leurs pics, leurs rocs et leurs glaçons,
   Courons
  A la victoire!

Chantons au milieu des nuages,
Et que l'aigle des vieux Romains
Vienne mêler ses cris sauvages
A nos concerts républicains.
L'aigle, en proclamant notre gloire,
Devance l'Europe et l'histoire.

  En avant! marchons ;
  Par delà ces monts,
A travers leurs pics, leurs rocs et leurs glaçons,
   Courons
  A la victoire!

LE PASSAGE

Halte à l'hospice, buvons, frères,
Au succès du premier combat !
Chiens fidèles de ces bons pères,
Partagez le pain du soldat !
Qu'un de vous nous suive à la gloire,
Il aura son nom dans l'histoire.

En avant ! marchons ;
Par delà ces monts,
A travers leurs pics, leurs rocs et leurs glaçons,
Courons
A la victoire !

Les trois couleurs sont parvenues
Au sommet du pic indompté,
Et font luire à travers les nues
L'arc-en-ciel de la liberté.
Puisse-t-il, fidèle à sa gloire,
Ne jamais pâlir dans l'histoire !

En avant ! marchons ;
Par delà ces monts,

A travers leurs pics, leurs rocs et leurs glaçons,
        Courons
      A la victoire!

La plaine au combat nous invite;
La voilà, nous la voyons tous :
Ce torrent qui s'y précipite
N'y doit arriver qu'après nous.
L'Italie! à nous l'Italie!
Battez, tambours! qu'on se rallie!...

    En avant! plus prompts
   Que les flots des monts,
Qui de roc en roc s'en vont tombant par bonds,
        Tombons
      Sur l'Italie!...

ÉPILOGUE.

Paris.

Rome, que me veux-tu? quel charme attendrissant
Tourne vers tes déserts ma triste rêverie?
D'où vient que loin de toi mon cœur ému ressent
Ce doux mal que, loin d'elle, on sent pour sa patrie?
Et toi, Venise aussi, d'où vient que malgré moi
J'ai des pensers d'exil lorsque je pense à toi?

J'aimais à contempler votre ciel sans nuage;
Est-ce lui qui vers vous reporte mes soupirs;

ÉPILOGUE.

Et, pour mieux m'attirer par sa brillante image,
De toutes ses splendeurs luit dans mes souvenirs?
Mais Naple a de beaux jours, des jours plus beaux encore,
Un ciel plus transparent, plus pur, plus radieux;
Regarder c'est jouir, quand Naples se colore
De la teinte du soir qui rafraîchit vos yeux,
Ou sort avec ses monts des vapeurs de l'aurore.
Le soleil à lui seul remplit le firmament,
Quand ses ardents rayons la couvrent tout entière,
Brûlent les flancs bronzés du Vésuve fumant,
Et qu'aux feux du midi le golfe s'enflammant
Roule à vos pieds l'azur, l'écume et la lumière.
Et ce soleil pourtant, ces jours dont Naple est fière,
Ces belles nuits, ces monts, ces flots éblouissants,
Cet Océan de feu ne parlent qu'à mes sens.

Est-ce vous que j'aimais, brillantes cascatelles?
Est-ce votre fraîcheur que je cherche au réveil,
Votre murmure absent qui berce mon sommeil?...
Mais j'ai vu se briser des cascades plus belles;
A travers leur cristal j'ai vu du haut des airs
L'iris, de ses couleurs plus prodigue pour elles,

Se jouer dans leurs flots qui lançaient plus d'éclairs.
Et pourtant quand je pense aux cimes éternelles,
Aux torrents écumeux des rochers de Terni,
C'est comme un voyageur et non comme un banni.

Des pontifes romains fastueuse demeure,
Travaux de Raphaël, monuments des Césars,
Tombeaux, peuple de marbre enfanté par les arts,
Chênes verts d'Albano, c'est donc vous que je pleure?
Jardins de la Brenta qui parfumez les vents,
Ce sont vos orangers, votre magnificence,
Et du palais ducal les souvenirs vivants....
Mais de grands souvenirs revivent à Florence.
O vous, pour qui mon choix pencha de préférence,
N'en convenez-vous pas? Florence, votre sœur,
A des marbres divins comme de frais ombrages;
Elle emprunta son nom aux fleurs de ses bocages;
Et Florence pourtant ne dit rien à mon cœur.

Ah! quels que soient les feux dont le ciel se décore,
La splendeur des cités, leurs monuments pompeux;

ÉPILOGUE.

Il n'est point de beaux lieux que n'embellisse encore
Le sentiment profond qu'on éprouva près d'eux.
Les bords où, voyageur, il s'exila lui-même,
N'ont pour l'indifférent qu'un charme passager;
Alors qu'il les admire, il se sent étranger;
Mais le ciel du pays est aux lieux où l'on aime.
Du jour qu'elle parut à mes yeux attendris,
Un intérêt plus cher, une beauté nouvelle,
Je ne sais quel attrait qui fait qu'on se rappelle,
Prêta de l'éloquence à la tombe, aux débris,
Et je n'oubliai plus quand j'admirai près d'elle.
L'air natal m'agita d'un doux frémissement;
Je crus voir refleurir une gloire flétrie;
Tout me sembla grandeur, chef-d'œuvre, enchantement;
Tout me fut souvenir, tout me devint patrie,
Et lorsque malgré moi je me laissai charmer
A l'amour dont pour vous mon âme s'est éprise,
Rome, ce n'est pas toi; ce n'est pas toi, Venise,
C'est elle que j'aimais en croyant vous aimer!

Ne verrai-je donc plus se dérouler ces plaines,
Ces coteaux onduleux comme les flots des mers!
Ne les verrai-je plus, ces campagnes romaines,

ÉPILOGUE.

Dont mes pas auprès d'elle ont foulé les déserts,
Et ce noir Colysée, et dans sa vaste enceinte
Ces clartés qui tombaient des arceaux entr'ouverts,
Quand, la tête penchée, un bras sur la croix sainte,
A minuit, belle et pâle, elle écouta mes vers!
Des jardins Médicis qui me rendra l'ombrage,
Les pins silencieux des jardins Pamphili,
Où dans son souvenir j'errais enseveli?
Que mon cœur tressaillait dans ce sentier sauvage,
A travers les vapeurs des flots de Tivoli,
Lorsque son voile humide effleurait mon visage!
Qu'ai-je admiré, profane, à ce bruit solennel
De l'airain, des clairons, des foudres de la guerre,
Quand les bras d'un vieillard, étendus vers le ciel,
Recueillaient ses pardons pour les rendre à la terre?
Profane, j'admirais ce front noble et charmant,
Rêve éternel de ceux qui l'ont vue un moment.
Rendez-moi, lieux chéris, dont le nom seul m'agite,
Rendez-les-moi, ces jours où j'ai vécu si vite,
Ce dévorant espoir d'un plaisir qu'on attend,
Ces craintes, ces transports, cette flamme sacrée
Que ses yeux répandaient dans mon sein palpitant,
Dont mon cœur s'embrasait à sa voix inspirée,
Ces siècles de bonheur pressés dans un instant!

ÉPILOGUE.

Eh quoi! les ressaisir n'est plus en ma puissance!
Quoi! jamais oubliés, mais passés pour jamais!
Ils l'étaient à Venise; et, malgré son absence,
Elle anima pour moi ce tombeau que j'aimais.
Je l'y voyais encore, et mon âme attristée
Regrette jusqu'aux lieux où je l'ai regrettée.
De nos beaux jours de Rome un reflet pâle et doux
Éclairait ces débris, lorsque l'Adriatique
Venait, comme une veuve en deuil de son époux,
Mêler à mes soupirs son bruit mélancolique....
Ah! qu'ai-je dit? ces jours que je croyais perdus,
Que je redemandais au soleil d'Italie,
Un seul jour les vaut tous et me les a rendus.
Ils brillent à mes yeux sur la France embellie..
Celle de qui l'image accompagnait mes pas
Dans ce dernier palais des héros de Venise,
Funèbre monument, peuplé par le trépas,
Où l'immortalité sur la tombe est assise,
Celle à qui j'ai juré de ranimer ces morts,
Tremblante de ma crainte, heureuse de ma joie,
Elle a vu le succès couronner mes efforts.
Cette gloire est la sienne, et je la lui renvoie.
Oui, ces frémissements d'un plaisir douloureux,
Ces cris des spectateurs, ces pleurs versés par eux,

ÉPILOGUE.

Ce pouvoir d'exciter l'espoir ou les alarmes,
D'emporter avec soi les cœurs dans son essor,
Ce triomphe enivrant a d'ineffables charmes;
Mais un de ses regards m'enivrait plus encor,
Et j'aurais tout donné pour une de ses larmes ! *

* Cette pièce fut composée le lendemain de la première représentation de *Marino Faliero*, et envoyée comme dédicace.

LE
MARRONNIER D'ÉLISA.

De la Madeleine.

Le marronnier planté pour elle
Grandit sous la rosée; il monte, il prend l'essor.
Que les hivers soient doux à sa tige nouvelle;
Que des troupeaux errants la dent l'épargne encor;
Si je le vois jamais aussi beau qu'elle est belle,
Jamais chêne orgueilleux n'égalera l'essor
    Du marronnier planté pour elle.

LE MARRONNIER D'ÉLISA.

Le marronnier planté pour elle
Livre au soleil d'avril ses bourgeons entr'ouverts.
Printemps, de tes couleurs prodigue la plus belle ;
Nuit, tes pleurs les plus frais versés du haut des airs ;
Soleil, les plus doux feux de ta chaleur nouvelle ;
Donnez, prodiguez tout aux bourgeons entr'ouverts
    Du marronnier planté pour elle !

Le marronnier planté pour elle
Se couronne en riant de ses premières fleurs.
L'oiseau qui vient de naître, à leur blancheur nouvelle,
Vient confondre l'éclat de ses jeunes couleurs ;
Chantre léger des airs, tu deviendras fidèle
En commençant d'aimer sur les premières fleurs
    Du marronnier planté pour elle !

Le marronnier planté pour elle
Perd tour à tour loin d'elle et reprend ses rameaux.
Quand ses jours sont flétris, en vain l'homme rappelle
Ceux dont il a jonché le chemin des tombeaux.

Plus de retour pour eux, plus de fraîcheur nouvelle!...
Ils s'effeuillent pourtant ainsi que les rameaux
    Du marronnier planté pour elle.

    Le marronnier planté pour elle
Voit se faner les miens dans l'été de mes ans;
Ne viendra-t-elle donc que si la mort l'appelle?
Eh bien! que je succombe; et, sous l'herbe des champs,
En tombant de ses mains qu'une feuille se mêle
Aux feuilles que sur moi jettera tous les ans
    Le marronnier planté pour elle.

ADIEU!

De Saint-Just.

Adieu, Madeleine chérie,
Qui te réfléchis dans les eaux,
Comme une fleur de la prairie
Se mire au cristal des ruisseaux.
Ta colline, où j'ai vu paraître
Un beau jour qui s'est éclipsé,
J'ai rêvé que j'en étais maître;
Adieu! ce doux rêve est passé.

ADIEU!

Assis sur la rive opposée,
Je te vois, lorsque le soleil
Sur tes gazons boit la rosée,
Sourire encore à ton réveil,
Et, d'un brouillard pâle entourée,
Quand le jour meurt avec le bruit,
Blanchir comme une ombre adorée
Qui vous apparaît dans la nuit.

Doux trésors de ma moisson mûre,
De vos épis un autre est roi;
Tilleuls dont j'aimais le murmure,
Vous n'aurez plus d'ombre pour moi.
Ton coq peut tourner à sa guise,
Clocher, que je fuis sans retour :
Ce n'est plus à moi que la brise
Lui dit d'annoncer un beau jour.

Cette fenêtre était la tienne,
Hirondelle, qui vins loger
Bien des printemps dans ma persienne,
Où je n'osais te déranger;

ADIEU!

Dès que la feuille était fanée,
Tu partais la première, et moi,
Avant toi je pars cette année ;
Mais reviendrai-je comme toi ?

Qu'ils soient l'amour d'un autre maître,
Ces pêchers dont j'ouvris les bras !
Leurs fruits verts, je les ai vus naître ;
Rougir je ne les verrai pas.
J'ai vu des bosquets que je quitte
Sous l'été les roses mourir ;
J'y vois planter la marguerite :
Je ne l'y verrai pas fleurir.

Ainsi tout passe, et l'on délaisse
Les lieux où l'on s'est répété :
« Ici luira sur ma vieillesse
» L'azur de son dernier été. »
Heureux, quand on les abandonne,
Si l'on part, en se comptant tous,
Si l'on part sans laisser personne
Sous l'herbe qui n'est plus à vous.

ADIEU!

Adieu, prairie où sur la brune,
Lorsque tout dort, jusqu'aux roseaux,
J'entendais rire au clair de lune
Les lutins des bois et des eaux,
Qui, sous ses clartés taciturnes,
Du trône disputant l'honneur,
Se livraient des assauts nocturnes
Autour des meules du faneur.

Adieu, mystérieux ombrage,
Sombre fraîcheur, calme inspirant;
Mère de Dieu, de qui l'image
Consacre ce vieux tronc mourant,
Où, quand son heure est arrivée,
Le passereau loin des larcins
Vient cacher sa jeune couvée
Dans les plis de tes voiles saints.

Adieu, chapelle qui protège
Le pauvre contre ses douleurs;
Avenue où, foulant la neige
De mes acacias en fleurs,

ADIEU!

Lorsque le vent l'avait semée
Du haut de leurs rameaux tremblants,
Je suivais quelque trace aimée,
Empreinte sur ses flocons blancs.

Adieu, flots, dont le cours tranquille,
Couvert de berceaux verdoyants,
A ma nacelle, d'île en île,
Ouvrait mille sentiers fuyants,
Quand, rêveuse, elle allait sans guide
Me perdre en suivant vos détours
Dans l'ombre d'un dédale humide
Où je me retrouvais toujours.

Adieu, chers témoins de ma peine,
Forêt, jardins, flots que j'aimais!
Adieu, ma fraîche Madeleine!
Madeleine, adieu pour jamais!
Je pars; il le faut, et je cède;
Mais le cœur me saigne en partant.
Qu'un plus riche qui te possède
Soit heureux où nous l'étions tant!

MÉLUSINE*,

TRAGÉDIE EN CINQ ACTES.

---

* Quatre actes de cet ouvrage étaient entièrement terminés, mais un acte et demi seulement était écrit.

PERSONNAGES.

BAUDOUIN, COMTE D'ÉDESSE.
TANCRÈDE.
GONTRAN.
SATAN.
MÉLUSINE DE LUSIGNAN.
MATHILDE, sa sœur.

(La scène se passe dans un château en Palestine, en 1118.)

ACTE PREMIER.

(Une salle gothique. Quelques livres sont déposés sur des rayons, d'autres sur deux tables, ainsi que plusieurs instruments de science et d'art. On entend gronder un orage, qui se rapproche par degrés.)

SCÈNE I.

GONTRAN, qui dort appuyé sur une des tables où une lampe brûle près de lui; MÉLUSINE.

MÉLUSINE, ouvrant avec précaution la porte du fond et apercevant Gontran.

Encor lui!... mais il dort. Oh! ce livre, ce livre,
Qu'un hasard favorable à mes regards le livre!
Pourquoi me l'arracher? avec quel cri d'effroi

Il s'est jeté, tout pâle, entre ce livre et moi!
Ses mains l'ont caché là.

(Elle s'avance vers la bibliothèque.)

Cherchons. Peine inutile!

S'élançant pour saisir un volume sur la table qui fait face à celle où Gontran est endormi.)

Que vois-je? ô ciel!

(Elle l'ouvre.)

Eh! non : le Coran!

(Elle en ouvre un autre.)

L'Évangile!

Deux écrits qu'ici-bas on ne lit qu'à genoux.
Oui, l'un est vrai pour eux, et l'autre vrai pour nous;
Mais rien sous le soleil n'est vrai pour tous les hommes.
Qu'est-ce donc que savoir? C'est douter; et nous sommes
Ramenés par le doute au besoin de savoir :
Cercle où tourne sans fin notre esprit sans pouvoir.
Mais ce livre...

(L'orage éclate avec violence.)

Est-ce moi que Jéhovah menace
Sur cette terre en deuil qui l'a vu face à face?
En vain blanchit l'éclair; de la mer Morte en vain
Les flots semblent bondir sous le courroux divin;
La foudre en vain mugit; qu'il soit sacré, profane,

Salutaire ou fatal, que du ciel il émane
Ou de... je le lirai.

GONTRAN, qui s'éveille à demi et s'adresse à un personnage qu'on ne voit pas.

Bruit importun! pourquoi
Permets-tu que ce bruit arrive jusqu'à moi?
Il me trouble.

MÉLUSINE.

Fuyons!... C'est faiblesse : il sommeille.
Quel manuscrit savant occupait donc sa veille?
Serait-ce?... Le voilà sous sa lampe entr'ouvert!
Approchons!... De ses bras le vélin est couvert.
Oh! ce livre toujours trompera mon attente,
Et, le seul interdit, c'est le seul qui me tente.

GONTRAN, éveillé tout à fait et toujours au même personnage.

Esclave, encore un coup! je prétends reposer :
Va dire de ma part aux vents de s'apaiser,
Au lac ressuscité qui franchit sa limite
De rentrer dans la tombe où dort son eau maudite;
Dis au tonnerre enfin de se taire à ma voix.
Va; depuis quand faut-il que je parle deux fois?
Va, cours, vole!

MÉLUSINE, à part.

Quel est cet esclave invisible?

GONTRAN.

Je ne veux rien de lui, rien qu'un sommeil paisible;
Je ne l'ai pas.

MÉLUSINE.

Gontran!

GONTRAN, se levant.

Vous, Mélusine, ici!
Qui vous donne le droit de me surprendre ainsi?

MÉLUSINE.

Je venais...

GONTRAN.

Vous veniez pour m'épier encore.

MÉLUSINE.

Souvent l'étude ici m'appelle avant l'aurore;
Et vous le permettez.

GONTRAN.

Pourquoi l'ai-je permis?
Personne, avant le jour, n'y doit plus être admis;
Pas même vous. Sortez!

ACTE I, SCENE I.

MÉLUSINE.

Cette ardeur de connaître
Dont je suis consumée, en moi qui l'a fait naître?
Vous, Gontran.

GONTRAN.

C'est ma faute, et, seul, j'ai fait le mal.
D'un fol attachement l'excès vous est fatal.
Mieux eût valu pour vous que mon indifférence
Eût laissé votre esprit vieillir dans l'ignorance.
(Avec plus de douceur.)
Obéissez.

MÉLUSINE, qui fait un pas.

Je sors.
(Revenant.)
Mais à qui parliez-vous?

GONTRAN.

Quand?

MÉLUSINE.

Tout à l'heure.

GONTRAN.

Moi?

MÉLUSINE.

L'œil ardent de courroux.

GONTRAN.

Reste confus du trouble où le sommeil nous plonge!
On voit, les yeux ouverts, l'objet qu'on vit en songe.
Je rêvais.

MÉLUSINE.

Cependant l'ouragan s'est calmé;
Le lac dans sa torpeur retombe inanimé;
Comme pour obéir, l'éclair meurt, et l'orage
S'enfuit silencieux dans les flancs du nuage.

GONTRAN.

Le hasard l'a voulu.

MÉLUSINE.

Non.

GONTRAN.

Quoi! les éléments,
Vous les croyez soumis à mes commandements?
Pouvez-vous le penser? vous!

ACTE I, SCÈNE I

MÉLUSINE.

Qui sait?

GONTRAN.

Vous, si fière
D'avoir de tant d'erreurs secoué la poussière!
Quelle pitié! Laissez les vulgaires esprits
Croire à ce merveilleux dont ils sont tous épris.
Que souvent d'un hasard l'homme fait un miracle!...
Mais ce hasard aussi dément plus d'un oracle :
Lusignan sur ces bords fut l'exemple vivant
Des maux que nous prépare un espoir décevant.
Tenté par l'avenir, il quitta sa patrie :
Son sang devait, dit-on, régner sur la Syrie;
Et, comme votre mère, attachée à son sort,
En y cherchant un sceptre il y trouva la mort.

MÉLUSINE.

Son sang bat dans mon cœur, Gontran.

GONTRAN.

Vous êtes vaine :
S'il n'a pas été roi, vous pouvez être reine;
C'est là votre pensée; eh bien, craignez l'orgueil :

Un pur esprit du ciel périt sur cet écueil,
Où l'écrasa de Dieu la main victorieuse.

MÉLUSINE.

C'est sous Dieu qu'il tomba, sa chute est glorieuse

GONTRAN.

Superbe, courbez-vous, et ne me forcez pas
A maudire cette heure où le double trépas
Que j'ai long-temps pleuré vous laissa sans famille.
Lusignan m'était cher, et j'adoptai sa fille.
Si j'ai trop tôt mûri votre jeune raison,
Au lieu de m'en punir, rejetez le poison
Qui, pour vous égarer, dans votre sein fermente.
Imitez votre sœur : aucun soin ne tourmente
Le repos de ses nuits, le calme de ses jours ;
Mathilde est plus heureuse, et le sera toujours.

MÉLUSINE.

Que cinq ans entre nous mettent de différence !
Son cœur naïf s'endort dans sa sainte espérance,
Dans la paix qui l'attend à l'ombre de l'autel,
Sous le pieux bandeau des filles du Carmel ;
Mais, moi, depuis un temps je me sens orpheline :
Vous ne refusiez rien naguère à Mélusine.

GONTRAN.

Quel vœu formez-vous donc qui ne soit satisfait?

MÉLUSINE.

Il en est un...

GONTRAN.

Parlez.

MÉLUSINE.

C'est démence; en effet,
Vous me direz, Gontran, que c'est pure démence
D'aspirer ici-bas à ce pouvoir immense;
Pourtant, le front penché vers mon lit de douleurs,
Quand ma sœur me pleura, je riais sous ses pleurs;
Dans le sommeil fiévreux de ma lente agonie,
Je riais, je rêvais cette joie infinie
De commander aux flots, de gouverner les airs;
J'avais pour messagers les vents et les éclairs,
Les astres pour sujets, l'univers pour domaine,
Et voyais, en soufflant sur la grandeur humaine,
Tout s'abaisser d'effroi devant ma volonté.
Oui, j'ai de ce pouvoir rêvé l'immensité.

GONTRAN.

Hélas! qu'en feriez-vous?

MÉLUSINE.

Moi, lorsque le prophète,
Qui nous veut des lieux saints disputer la conquête,
Vient venger sur nos preux campés dans ce vallon
Sa honte encor saignante aux sables d'Ascalon,
Je pourrais à leurs coups attacher la victoire;
N'est-ce rien?

GONTRAN.

Dieu lui seul peut dispenser la gloire.

MÉLUSINE.

Quand ils doivent demain, ces vengeurs de la croix,
Donner un successeur à leurs deux premiers rois,
Quand de Jérusalem la couronne flottante
Fait battre tant de cœurs d'une jalouse attente,
Dire à cette couronne, objet de mille vœux :
« Au front de ce héros tombe, car je le veux ! »
N'est-ce donc rien?

GONTRAN.

Quel est ce héros?

MÉLUSINE.

Le plus digne.

GONTRAN.

S'il est vrai, Dieu d'avance à leur choix le désigne.
Cet empire absolu dont il use à son gré
N'existe que pour lui.

MÉLUSINE, s'élançant vers le livre ouvert sur la table.

Gontran, je le saurai.

GONTRAN, lui reprenant le livre qu'elle a saisi.

Sacrilége, arrêtez! Quoi, malgré ma défense!
Quoi, pour tant de bienfaits voilà ma récompense!

MÉLUSINE.

Vos bienfaits! où sont-ils? que m'avez-vous appris?
L'ordre des temps, le sens d'un vain amas d'écrits,
Les mouvements des cieux et la vertu des plantes!
Quels bienfaits! J'ai calmé des tortures brûlantes;
J'ai guéri bien des maux, et je ne puis guérir
Un mal dont vos bienfaits me laisseront mourir.

GONTRAN.

Garde-toi d'accuser l'ami qui te résiste :
Non, ce pouvoir n'est pas, ma fille; ou, s'il existe,
Sans borne, il est sans frein dans un être borné.

Aveugle et tout-puissant, cet être infortuné,
Dont s'exerce à tâtons la volonté suprême,
Marche, fatal à tous comme il l'est à lui-même,
Pour arriver un jour, las des maux qu'il a faits,
De douleurs en douleurs, de forfaits en forfaits,
A pousser vers le ciel ce cri : Je désespère !
Devant cet avenir recule et crois ton père,
Qui, pâle de terreur, contre toi te défend.
Ce pouvoir, c'est le fer dans les mains d'un enfant;
C'est le feu; c'est le fruit dont l'arbre de Sodome
A notre bouche avide offre le doux fantôme :
Vermeil, il brille aux yeux des plus beaux dons du ciel;
Au goût, ce fruit de mort n'est que cendre et que fiel.

MÉLUSINE.

On vient, Gontran !

SCÈNE II.

LES PRÉCÉDENTS, MATHILDE.

MATHILDE, à Mélusine.

C'est vous! mes terreurs m'ont trompée;
D'une pensée horrible en m'éveillant frappée,
Près d'un abîme ouvert je vous voyais, ma sœur.

GONTRAN.

Ce désordre du ciel a troublé votre cœur.

MÉLUSINE.

Quelle faiblesse, enfant!

MATHILDE.

Lorsque la foudre gronde,
Calme, vous souriez.

MÉLUSINE.

Toi, tu frémis.

MATHILDE.

Au monde
Pour toujours, comme moi, quand on va dire adieu,
On entend dans ce bruit la grande voix de Dieu.
Son nom, mon seul recours, s'échappa de ma bouche;
Sous le rameau bénit qui protège ma couche,
Mouillant mon front d'eau sainte et pliant les genoux,
Je priai, chère sœur, non pour moi, mais pour vous;
Pour vous aussi, Gontran, pour la nature entière;
Et le calme sembla renaître à ma prière.

MÉLUSINE, à part.

A sa prière!

MATHILDE.

Hélas! disais-je, il est minuit;
Baudouin sous l'eau du ciel s'égare dans la nuit.
A-t-il même un rocher pour abriter sa tête?
Ne permets pas du moins, mon Dieu, que la tempête
Au cimeterre unie abatte les chrétiens :
Fais qu'ils n'aient au désert d'ennemis que les tiens!

MÉLUSINE, bas à Gontran.

Je vous sais gré, Gontran, d'avoir calmé l'orage.

GONTRAN, à Mélusine.

Encor !

MÉLUSINE.

Que fait Baudouin? où va de son courage
S'exposer loin du camp l'aventureuse ardeur,
En poursuivant la gloire au prix de la grandeur?

GONTRAN.

Comment donc?

MÉLUSINE.

Ce château qui du milieu des sables
A surgi tout à coup...

GONTRAN.

Vous croyez à ces fables?

MATHILDE.

Nous croyons que, bâti par les esprits du ciel,
Il fut gardé par eux ; le soldat d'Ismaël
Ne put, même en passant, y planter sa bannière,
Et de ses pieds jamais n'y laissa la poussière.
Quel miracle, Gontran !

GONTRAN.

Ce miracle, il est dû...

MÉLUSINE, vivement.

A vous.

GONTRAN.

Comme aux guerriers qui l'ont bien défendu.
L'Arabe aime à conter, laissons là les merveilles
Dont, les deux bras croisés, il amuse ses veilles.

MÉLUSINE.

Mais enfin, seuls debout dans des champs désolés,
Ces murs verront demain nos barons rassemblés.
Si Baudouin est absent de ce conseil auguste,
Qui défendra la cause à mes yeux la plus juste,
La sienne?

GONTRAN.

Voilà donc ce héros sans rival?

MÉLUSINE.

Il a mille rivaux, mais il n'a point d'égal.

GONTRAN.

Quoi! pas même Raymond, pas même ce Tancrède
Qui s'est fait de sa gloire un titre à qui tout cède;

Tancrède, ce géant de l'étendard sacré,
Qu'on voit déjà vainqueur quand il dit : Je vaincrai ;
Qui n'a marqué ses pas que par des funérailles ;
Qui sauta le premier sur les saintes murailles ;
Que jamais sous le ciel, au champ comme aux tournois,
Musulman ni chrétien n'a combattu deux fois.

MÉLUSINE.

Tant de hauts faits, Gontran, vivent dans ma mémoire ;
Mais, plus jeune, Baudouin n'est pas moins vieux de gloire,
Et, du roi par son sang légitime héritier,
Éclipse de son nom l'Occident tout entier.

MATHILDE.

Ah! que me font, à moi, ses rivaux dans les armes?
(Montrant Mélusine.)
Quand sur ce pâle front je versai tant de larmes,
Un seul cœur, vous absent, comprit mon désespoir :
Ce fut le sien. Ses droits au souverain pouvoir,
D'autres dans le conseil en seront les arbitres ;
Mais aux vœux des deux sœurs il a du moins des titres.

GONTRAN.

Et j'approuve des vœux si désintéressés.
(A Mélusine.)
Lui seul de tant d'amants par vos dédains chassés,

Il resta votre ami sur ce triste rivage,
Quand il eut vu comme eux repousser son hommage.

MÉLUSINE.

Vous lui devez appui.

GONTRAN.

De moi n'attendez rien :
Je sais qu'on fait le mal même en voulant le bien.
Aurait-il, après tout, la voix de votre père?
De Lusignan jadis Tancrède fut le frère,
Lui fit contre la mort un rempart de son bras :
Pourrions-nous l'oublier sans être des ingrats?

MATHILDE.

Non.

GONTRAN.

D'ailleurs, peu jaloux d'avoir la préférence,
Baudouin voit la couronne avec indifférence;
Vers l'Europe, où bientôt il reviendra vainqueur,
Il tourne avec regret ses regards et son cœur.

MÉLUSINE.

Il vous le dit.

MATHILDE.

Ma sœur, l'Europe est donc bien belle.

MÉLUSINE.

Je ne la vis qu'enfant, et ne sens rien pour elle.
Je commençai de vivre au temps où sur ces bords
La science à mes yeux dévoila ses trésors.

MATHILDE.

Comment ne rien sentir pour l'heureux ciel de France?
Un souvenir si doux s'attache à notre enfance!

GONTRAN.

C'est plus tard, c'est à l'âge où l'on craint l'avenir,
Qu'on se reprend d'amour pour ce doux souvenir.
Embelli par le temps, plus il fuit, plus on l'aime.
(A Mélusine.)
J'ai pensé comme vous; et, m'abusant moi-même,
Le bonheur de savoir, qui devait m'enivrer,
M'a laissé le regret de ne plus ignorer.
O riante ignorance, ô fraîcheur de la vie!
De nos premiers beaux jours ô fleur trop tôt ravie!
Jeune, on te foule aux pieds, et ton parfum pour nous
Sur le bord de la tombe est le seul qui soit doux.

MATHILDE.

Au midi de vos ans n'en pleurez pas l'aurore :
Tel je vous vis, Gontran, tel je vous vois encore;

Les ans sur votre front passent sans le toucher,
Et le temps pour vous seul semble ne pas marcher.

MÉLUSINE.

C'est vrai ; lorsqu'ici bas tout décline et tout change,
Par quel art merveilleux, par quel secret...

(Le son du cor retentit à la porte du château.)

GONTRAN.

Qu'entends-je?

MATHILDE.

Un pèlerin.

(Le même son se répète deux fois encore.)

GONTRAN.

Si tard !

MATHILDE.

Peut-être un chevalier ;
Pour lui, comme pour tous, soyez hospitalier.

GONTRAN.

Oui, Mathilde.

MÉLUSINE, à part, en voyant Gontran prendre le livre.

Il l'emporte !

GONTRAN, de même, après l'avoir regardée un moment.

O justice éternelle !
L'esprit qui fut en moi, je le retrouve en elle.

(Il sort.)

SCÈNE III.

MÉLUSINE, MATHILDE.

MÉLUSINE.

Mathilde, il pleurait donc?

MATHILDE.

Qui?

MÉLUSINE.

Baudouin. Sur mon sort
Il pleurait devant toi?

MATHILDE.

Je vous l'ai dit.

MÉLUSINE.

Ma mort
Eût fait son désespoir?

MATHILDE.

Comme le mien.

MÉLUSINE.

Peut-être
Il était moins touché qu'il ne feignait de l'être.

MATHILDE.

A lui parler de vous je m'oubliais ici,
Et je sais qu'à m'entendre il s'oubliait aussi.

MÉLUSINE.

S'imposait-il souvent ce long pèlerinage?

MATHILDE.

Il ne s'en lassait point.

MÉLUSINE.

Quel était son langage?

MATHILDE.

Triste.

MÉLUSINE.

Mais n'exprimant rien que de l'amitié?

MATHILDE.

Pour son amour, ma sœur, vous fûtes sans pitié.

MÉLUSINE.

Rien qu'une amitié froide?

MATHILDE.

Oh, non! de ses alarmes
J'ai vu l'émotion se trahir par des larmes.
Et s'attachant sur moi, mais ne voyant que vous,
Ses humides regards brillaient d'un feu si doux
Qu'en vain il me célait le mal qui le dévore;
Je sentais que d'amour il vous aimait encore.

MÉLUSINE.

Toi, Mathilde?

MATHILDE.

Pourquoi serait-il revenu?
Quel charme douloureux l'eût ici retenu?
Je le sentais, vous dis-je; et comment m'y méprendre?
Sa voix avait alors je ne sais quoi de tendre
Que la vôtre pour moi n'a pas dans sa douceur;
Et pourtant vous m'aimez d'une amitié de sœur,
De mère; et quand mon nom tombe de votre bouche,
Vous avez à le dire un charme qui me touche.

MÉLUSINE.

Cet amour sans espoir, il n'a pu l'étouffer!

MATHILDE.

Eh quoi! de ses tourments je vous vois triompher.

MÉLUSINE.

Mathilde, ce plaisir, tu ne peux le comprendre;
Peut-être il est cruel; mais c'en est un d'apprendre
Que le cœur d'un héros qui s'est vu mépriser
Se débat dans ses nœuds sans pouvoir les briser,
Forme mille projets de secouer sa chaîne,
Et revient plus esclave à l'amour par la haine,
Trouve un charme à sa honte, et, vaincu, désarmé,
Fait gloire enfin du joug dont il est opprimé.
Noble amour en effet pour l'objet qui l'inspire!
Et, rangé malgré lui sous un si dur empire,
Plus il est grand, ce cœur à souffrir obstiné,
Plus on est fière, enfant, de l'avoir dominé.

MATHILDE.

Dieu vous créa, ma sœur, pour le pouvoir suprême;
Moi, pour l'obéissance; elle est ma vie, et j'aime
Que la raison d'autrui, que l'âge ou le savoir

M'épargnent doucement jusqu'au soin de vouloir.
J'aime à courber mon front sous la grandeur divine;
Sous votre autorité sans effort je m'incline,
Et me plais à sentir, en la prenant pour loi,
Par combien d'heureux dons vous l'emportez sur moi.

MÉLUSINE.

O ma sœur, ô ma fille! ainsi du vœu sublime
Qui t'enchaîne à l'autel tu n'es donc pas victime?

MATHILDE

Vous sauver à ce prix était-ce m'immoler?
Au Dieu dont j'entendais la voix vous appeler,
Je dis : « Rends-moi ma sœur, à toi je m'abandonne. »
Il m'a donné vos jours; les miens, je les lui donne :
Notre saint patriarche a reçu mon serment.

MÉLUSINE.

Pourtant, malgré ton vœu je mourais lentement.

MATHILDE.

Hélas!

MÉLUSINE.

Lorsque Gontran revint d'un long voyage...

ACTE I, SCENE III.

MATHILDE.

Comme s'il eût pour loi d'accomplir mon ouvrage,
Tandis que je priais, vers vous il accourut ;
Il souffla sur le mal, et le mal disparut :
Dieu me l'avait promis.

MÉLUSINE.

Et Dieu tint sa promesse ;
Mais si ton vœu te coûte un soupir de tristesse...

MATHILDE.

Le trahir, moi ! jamais. Je croirais voir encor
Votre âme vers le ciel prête à prendre l'essor.
Jamais !

MÉLUSINE, en la baisant sur le front.

Va reposer.

MATHILDE.

Non, près de vous je reste.

MÉLUSINE, regardant par la fenêtre qu'elle a ouverte.

As-tu peur ?

MATHILDE.

Pas ici. Sur la voûte céleste,
Que cherchez-vous, ma sœur ?

MÉLUSINE.

L'avenir.

MATHILDE.

Et les cieux
En peuvent révéler le mystère à nos yeux?
Nos destins sont écrits sur le front des étoiles?

MÉLUSINE.

Pour qui de la nature a su percer les voiles,
Sans doute pour Gontran.

MATHILDE.

Cherchez à deviner,
Tandis que sous mes doigts ces fuseaux vont tourner.
Dites-moi si Baudouin sera roi de Syrie.

MÉLUSINE.

Comment ne pas t'aimer avec idolâtrie?
Être modeste et bon, tu ne vis plus pour toi :
Si je forme un désir, tu le sais avant moi.
Tu vois que de Baudouin la grandeur m'intéresse ;
La première de lui tu me parles sans cesse.
J'aime à t'entretenir des lois de l'Univers,
Et, ton front sur ta main, tes deux grands yeux ouverts,
Tu m'écoutes si bien...

MATHILDE.

Que j'ai l'air de comprendre.

MÉLUSINE.

Tu le fais pour me plaire et non pas pour apprendre ;
Mais combien mon plaisir te doit coûter d'ennui !
Désormais...

MATHILDE, apercevant Baudouin, qui entre.

Se peut-il ?

MÉLUSINE.

Qu'as-tu donc ?

MATHILDE.

Lui ! c'est lui.

MÉLUSINE.

Baudouin !

SCÈNE IV.

LES MÊMES, BAUDOUIN.

MATHILDE, s'élançant à sa rencontre.

Blessé, peut-être?

MÉLUSINE.

En vainqueur, j'en suis sûre!

BAUDOUIN, à Mélusine.

Avec l'aide de Dieu, vainqueur,

(A Mathilde.)

et sans blessure.

MATHILDE.

Le fer de l'infidèle épargna votre sang!

MÉLUSINE.

Quels remparts sont par vous enlevés au Croissant?

BAUDOUIN.

Dieu n'en a pas laissé sur ces plages stériles,
Du jour que son haleine y consuma cinq villes;
Mais aux murs de Damas conduits par Nourredin,
Des chrétiens prisonniers côtoyaient le Jourdain;
Je l'apprends et je pars : près du fleuve on arrive;
Ceux qu'on croyait surprendre endormis sur la rive,
On les trouve debout : d'un combat inégal
Les miens, cent contre mille, attendent le signal.
Il est donné; la mort frappe avec eux dans l'ombre,
Et leur courage enfin l'emporte sur le nombre.

MATHILDE.

On dirait que vous seul n'avez pas combattu.

BAUDOUIN.

Le martyre a des uns couronné la vertu,
D'autres sont rapportés à travers les ténèbres
Sur les drapeaux captifs, qu'ils ont pour lits funèbres.

(A Mélusine.)

Je les ai devancés, noble dame, et j'accours

De vos secrets pour eux implorer les secours;
Sauvez-les, et rendez à la vie, à la gloire
Ces débris expirants d'une sainte victoire.

MÉLUSINE.

Qu'ils viennent! à mes soins vos amis ont des droits,
Comme vous au bandeau qui ceint le front des rois.
La voix de vos égaux dont le conseil prononce,
Cet exploit vous l'assure, il vous nomme, il annonce
Que dans Jérusalem demain vous régnerez
Sur des sujets par vous vainqueurs ou délivrés.

BAUDOUIN, à Mathilde.

Quoi! vous nous fuyez?

MATHILDE, qui s'assied devant son ouvrage.

Non; en travaillant j'écoute.
Mon avis, chevalier, vous touche peu sans doute
Sur ce grave sujet.

BAUDOUIN.

Le croyez-vous?

MÉLUSINE.

Demain
Le sceptre que leur vœu mettra dans votre main

Devancera la Croix, et, marchant à leur tête,
Fera trembler l'Arabe et pâlir son prophète.

BAUDOUIN.

Si devant les barons le droit du sang fait loi,
Du roi le frère absent doit succéder au roi.

MÉLUSINE.

Lorsqu'il est par les mers séparé du royaume,
Le choisir, c'est, Baudouin, couronner un fantôme.

BAUDOUIN.

Si la gloire décide, est-il un droit plus grand
Que le nom de Tancrède à cet illustre rang?

MÉLUSINE.

Pourquoi, trop ébloui de la gloire d'un autre,
Quand vous citez son nom, oubliez-vous le vôtre?

BAUDOUIN.

Puissé-je m'en faire un! Mais, pour y parvenir,
Il suffit d'une épée à qui sait la tenir.
Aux cendres de nos rois, à leur gloire guerrière,
Sans sceptre, on peut mêler sa gloire et sa poussière;
Lusignan dort près d'eux dans l'immortalité;

Et leur puissance enfin ne m'a jamais tenté.
Elle n'est, à mes yeux, qu'un illustre esclavage,
Puisqu'elle enchaînerait mes jours sur ce rivage.

MÉLUSINE.

Vous aimez mieux partir que régner?

BAUDOUIN.

J'aime mieux
Revenir au manoir où dorment mes aïeux,
Et, las de tout, j'espère, en y cachant ma vie,
Y retrouver la paix que ces bords m'ont ravie.

MATHILDE.

Je verrai donc, Baudouin, des cimes du Carmel
Vos vaisseaux loin de nous fuir sous l'azur du ciel,
Et pour jamais!

BAUDOUIN.

Heureux, je sens que cette terre
M'aurait fait oublier mon fief héréditaire,
Les vieux arbres qu'enfant j'ai connu les premiers;
Mais le bonheur pour moi n'est pas sous ses palmiers.
Je hais son ciel d'airain, ses blancs sommets, l'arène
Où son fleuve épuisé comme à regret se traîne,

Et sens sur cette grève, où le Jourdain tarit,
Mon espoir se flétrir comme tout s'y flétrit.
Dans le désert parfois brille une eau mensongère
Aux yeux, qu'en les trompant sa fraîcheur désaltère;
Ainsi, lorsque mes yeux dévorent l'horizon,
Le manoir paternel, son antique blason,
Sa croix où j'ai prié, ses créneaux, ses ombrages
M'apparaissent de loin fuyant sur les nuages.
Je les vois au couchant dans leur vol m'appeler,
Et voudrais vers l'Europe avec eux m'envoler;
Et je pars; mais partir est encore un supplice :
Puis-je, à travers les flots de cette onde où je glisse,
Dans cet air que je fends, puis-je emporter le bien
Qui seul est tout pour moi, sans lequel tout n'est rien,
Que doit rêver absent et pleurer ma faiblesse,
Elle enfin, et ce cœur qu'en partant je lui laisse?
Je me consume alors de regrets superflus;
Je hais le ciel natal; pour moi l'exil n'est plus
Sur la rive étrangère où je la vis si belle;
L'exil, c'est la patrie où je vivrai loin d'elle.

MÉLUSINE.

Pourquoi loin de ces bords voulez-vous l'entraîner?
Est-ce donc aussi doux que de l'y couronner?

MÉLUSINE.

BAUDOUIN.

Le puis-je?

MÉLUSINE.

Un roi peut tout.

BAUDOUIN.

Que n'est-il vrai!

MÉLUSINE.

Tout plie
Sous son autorité, qu'il commande ou supplie.

BAUDOUIN.

Je supplirais.

MÉLUSINE.

En roi qu'on ne peut refuser.

BAUDOUIN.

Et je verrais l'obstacle à mes yeux se briser?

MÉLUSINE.

Il n'est point pour un roi d'obstacle insurmontable.

BAUDOUIN.

Oui, ce titre imposant me rend tout favorable,

Dieu même, et je l'ai vu d'un œil indifférent !
C'est mon droit, c'est mon bien ; pour monter à ce rang
Il n'est point de danger que mon cœur ne défie.
Je suis ambitieux, et je m'en glorifie ;
Je le suis par amour : je veux régner ; je veux,
En leur donnant des lois, en triomphant pour eux,
M'emparer d'un trésor plus cher qu'un diadème,
Plus enivrant cent fois que la gloire elle-même ;
Et, pour le conquérir puisqu'il faut être roi,
Je le serai : demain tout fléchira sous moi.

MÉLUSINE.

Régnez donc !

MATHILDE.

Mais Tancrède indigné !...

BAUDOUIN.

Qu'il s'indigne !
Qu'importe, si nos pairs me jugent le plus digne ?
Que me font et sa brigue, et sa gloire, et son bras ?
Je l'honore, Mathilde, et je ne le crains pas.
Je pouvais, par respect, dépouiller ma naissance,
Quand je ne lui cédais qu'une vaine puissance ;
Mais immoler pour lui mon bonheur de mes mains !
Non ; j'oppose à ses droits ceux de deux souverains,

Leur sang royal au sien, qu'il fait parler en maître ;
J'oppose à ce qu'il fut... ce qu'un jour je dois être.
D'un passé qui vieillit, que peut le souvenir
Contre tous les dangers qu'enferme l'avenir ?
Eh bien donc, qu'à son bras mon jeune bras succède :
Il a pour avenir le passé de Tancrède.

MÉLUSINE.

Dieu vous le doit, Baudouin ; régnez : je reconnais
Le Godefroy nouveau qu'en vous je devinais.
Régnez : à vous le trône ! à vous la renommée
Qui croît comme la palme au pays d'Idumée !
A vous les vœux de tous, leur suffrage et le mien !
Je donne ici l'exemple à l'Orient chrétien ;
Et si cette âme enfin, qui pour vous fut si fière,
Vous a de son respect salué la première,
Croyez... Mais vos amis ne m'attendent-ils pas ?
Puissé-je de leur couche écarter le trépas !
En vous quittant pour eux, je vous sers : à vos larmes
Ce n'est pas seulement rendre des frères d'armes ;
C'est assurer des bras à vos nobles projets,
Baudouin ; c'est à leur roi conserver des sujets.

(Elle sort.)

SCÈNE V.

BAUDOUIN, MATHILDE.

BAUDOUIN.

Restez!

MATHILDE.

Que voulez-vous?

BAUDOUIN.

Si leur choix me la donne,
Savez-vous sur quel front je mettrai la couronne?

MATHILDE.

Un seul est à mes yeux digne de la porter;
Soyez heureux, Baudouin!

BAUDOUIN.

S'il la daigne accepter,
Je le suis.

MATHILDE.

Qu'à vos vœux ma sœur soit moins rebelle !

BAUDOUIN.

Par elle dédaigné, je ne fais rien pour elle.

MATHILDE.

Qu'entends-je ?

BAUDOUIN.

Dans ce cœur, que blessa son mépris,
Une autre règne.

MATHILDE.

O ciel !

BAUDOUIN.

Dans ces yeux attendris
Qu'enflammaient les éclairs d'une muette ivresse,
Une autre répandait la joie ou la tristesse :
C'est vous !

MATHILDE.

Moi!

BAUDOUIN.

Vous. L'amour que j'ai dû vous céler
A pris dans son espoir la force de parler.

MATHILDE.

Malgré mon vœu, Baudouin?

BAUDOUIN.

A ma voix souveraine,
Un mot du patriarche en va rompre la chaîne.

MATHILDE.

Dieu vous entend.

BAUDOUIN.

Que Dieu me voie à vos genoux.

MATHILDE.

Vous l'outragez.

BAUDOUIN.

Je n'aime et n'aimerai que vous

MATHILDE.

Union sacrilége!

BAUDOUIN.

Elle deviendra sainte.
Mathilde, suis-je aimé?

MATHILDE.

De surprise et de crainte
Je tremble.

BAUDOUIN

Cette main, qu'elle se donne à moi...

MATHILDE.

Non.

BAUDOUIN.

Aujourd'hui...

MATHILDE.

Fuyez!

BAUDOUIN.

Demain je serai roi
Pour l'obtenir de Dieu.

MATHILDE, qui tombe sur un siége.

Je me soutiens à peine ;
Fuyez.

BAUDOUIN, en s'élançant pour sortir.

Je serai roi, pour que vous soyez reine !

FIN DU PREMIER ACTE.

ACTE DEUXIÈME.

(Même décoration.)

SCÈNE I.

GONTRAN, MÉLUSINE.

GONTRAN, qui entre vivement, à Mélusine.

Laissez-moi!

MÉLUSINE.

Je vous suis.

GONTRAN.

N'insistez plus,

MÉLUSINE.

         Parlez

GONTRAN.

Aux regards des humains ces secrets sont voilés.

MÉLUSINE.

Ils sont connus de vous ; faites-les-moi connaître.

GONTRAN.

Jamais !

MÉLUSINE.

   Vous pouvez tout.

GONTRAN.

      Je ne puis rien.

MÉLUSINE.

         En maître
Vous commandez, Gontran, aux éléments soumis.

GONTRAN.

Erreur !

MÉLUSINE.

  Que ce pouvoir me soit par vous transmis,
Baudouin règne.

GONTRAN.

Encor lui! j'étais loin de m'attendre
Qu'il dût vous inspirer un intérêt si tendre,
Lui qui par vos dédains ne fut pas épargné.

MÉLUSINE.

Peut-être je l'aimais quand je l'ai dédaigné

GONTRAN.

Vous l'aimiez! ô néant de la science humaine,
Et que la mienne alors doit vous paraître vaine!
Je sais tout, je puis tout, Mélusine! et ne puis
Lire au cœur d'un enfant, tout-puissant que je suis.

MÉLUSINE.

Comment lire en mon cœur? Je m'ignorais moi-même;
Mais le voile est tombé : je me connais, je l'aime;
Je l'aime, et d'un amour égal en son excès
A l'empire inhumain que sur lui j'exerçais.
A travers mes rigueurs ses yeux me trouvaient belle;
Il m'excusait injuste; il m'adorait rebelle;
Il souffrait de mes maux; il mourait de ma mort.
Aujourd'hui le soleil lui pesait sur ce bord :
Il partait, et d'un mot sur ce bord je l'enchaîne.

Je veux qu'à son dégoût d'une grandeur prochaine
L'ambition succède, et son cœur palpitant
D'ambitieux désirs s'émeut en m'écoutant.
Il pense, il sent par moi, c'est pour moi qu'il respire ;
Et je rougirais, moi, de l'amour qu'il m'inspire !
J'en suis fière : puissance, honneurs, félicité,
Baudouin me devra tout. Ah ! que la vérité
Dans son jour formidable à moi se manifeste,
Et, prenant pour ma part la royauté céleste,
Qu'à pleines mains sur lui je puisse accumuler
Les terrestres grandeurs dont je veux l'accabler.

GONTRAN.

Si j'avais ce pouvoir, l'auteur de la nature
Au rang du créateur mettrait sa créature.

MÉLUSINE.

Il suffit de vouloir pour s'égaler à lui,
Et d'oser.

GONTRAN.

A vos yeux quel jour trompeur a lui !

MÉLUSINE.

C'est un rayon du ciel.

GONTRAN.

Un reflet de l'abîme.

MÉLUSINE.

Dût-il en l'éclairant consumer la victime,
Qu'il inonde une fois mes regards enchantés!
Je veux noyer mon âme aux flots de ses clartés,
Pénétrer de leurs feux ma substance immortelle.
La parole magique, ô Gontran, quelle est-elle?
Je la dis; je verrai de l'œil dont je vous vois
D'impalpables esprits, désertant à ma voix
Les profondeurs du ciel, de l'onde et de la terre,
Des sépulcres béants m'expliquer le mystère,
Et soumettre à mes lois, comme aux arrêts du sort,
La matière, l'espace, et la vie et la mort.
Mais parlez! que leur foule à mon ordre obéisse,
Du livre défendu que la clarté jaillisse,
Ou, dans l'ombre, au milieu d'un cercle d'ossements,
J'irai tenter sans vous de noirs enchantements,
Jeter aux vents des nuits des formules terribles,
Évoquer par leurs noms les êtres invisibles,
Tous, jusqu'à lui...

GONTRAN.

Qui donc?

MÉLUSINE.

J'oserai le nommer ;
Et, si nul ne répond, je sais l'art d'exprimer
Des pavots d'Orient un suc mortel qui glace.
Vous me l'avez appris, et je vous en rends grâce :
Je pourrai, grâce à vous, tarir en un moment
L'inextinguible soif dont je meurs lentement.

GONTRAN.

Mais ce pouvoir fatal, sais-tu ce qu'il nous coûte ?

MÉLUSINE, vivement.

Il existe donc ?

GONTRAN.

Oui, pour notre perte. Écoute.

MÉLUSINE, avec un transport de joie.

Il existe !

GONTRAN.

A ma voix puisse t'épouvanter
La profondeur du gouffre où tu veux te jeter !
Puisse, au penchant du crime où tu cours sur sa trace,
L'exemple d'un maudit consterner ton audace !

MÉLUSINE.

D'un maudit !

GONTRAN.

Moi, c'est moi.

MÉLUSINE.

Vous !

GONTRAN.

Je connais celui
Que tu veux évoquer.

MÉLUSINE.

Eh bien ?

GONTRAN.

Je suis à lui.

MÉLUSINE.

A cet ange intrépide ?

GONTRAN.

A cet esprit immonde.

MÉLUSINE.

Il vous a tout donné ?

GONTRAN.

Tout vendu.

MÉLUSINE.

Dans ce monde
Le pouvoir de tout faire?

GONTRAN.

En abusant de tout.

MÉLUSINE.

D'être partout présent?

GONTRAN.

Et malheureux partout.

MÉLUSINE.

Un siècle entier de règne?

GONTRAN.

Un siècle entier qui passe
Devant l'éternité n'est qu'un point dans l'espace.
Mais j'aspirais au mal; mais, le pacte signé,
J'ai dit dans mon orgueil : Je règne!... Ai-je régné?
Pouvais-je dépouiller ma nature première?
Quoique Dieu, toujours homme; en cherchant la lumière
Au foyer de la vie, aux sources du savoir,

Je montais pour tomber, je m'aveuglais pour voir.
Jouet du bras d'airain qui me sert et m'opprime,
Je voulais la vertu, j'accomplissais le crime,
Le crime sans danger, le crime sans plaisir :
Quel plaisir goûte un cœur qui n'a plus de désir?
Et quel dégoût de soi fut jamais comparable
En tristesse, en horreur, au sort d'un misérable
Qui peut tout ici-bas, et se sent dévorer
Par l'incurable ennui de ne rien désirer?

MÉLUSINE.

Mais vous n'aimiez donc pas?

GONTRAN.

     Trahi dans ma tendresse,
Le meurtre ensanglanta cette main vengeresse,
Et le fer... Mais que dis-je? en avais-je besoin?
Un signe de mes yeux assassinait de loin;
Ma fille, je pouvais tuer par la pensée,
Et, jaloux, je l'ai fait dans ma rage insensée,
Oui, de l'objet aimé la mort prenait les jours,
Et moi qu'elle épargnait, moi, j'avançais toujours
Sur ma route déserte, et voyais en arrière
S'amonceler des miens l'insensible poussière.
Parmi des inconnus, seul avec mes remords,

J'errais, las des vivants et plus froid que les morts,
Quand de cette vallée à la vie interdite,
Triste comme mon cœur et comme moi maudite,
L'aspect désespérant rit à mon désespoir.
Mon souffle de ces rocs fit sortir ce manoir ;
Plus tard je t'y connus ; ce que mon espérance
S'était en vain promis de ma toute-puissance,
Enfant, je le trouvai dans tes premiers accents,
Ton sourire ingénu, tes regards innocents,
Et sentis de mon cœur s'apaiser la torture
Quand je revins soumis aux lois de ma nature.
Mais avais-je en ce monde épuisé les douleurs ?
Non ; tu veux me quitter ; tu veux mourir, tu meurs.
Toi, ma fille ! elle aussi ! tu veux que sur la terre
Une dernière fois je reste solitaire,
Pour dire en survivant à tout ce que j'aimais :
« Je souffrirai toujours ; je n'aimerai jamais ! »
Ou, si je satisfais la soif qui te dévore,
Dans l'abîme sans fond, dans la nuit sans aurore,
Un vain règne d'un jour, un siècle d'un instant
Te jettera damnée au maître qui m'attend.

MÉLUSINE.

Mais pour que ce sujet en maître vous réclame,
Qu'a-t-il donc exigé dans son pacte ?

GONTRAN.

Mon âme.

MÉLUSINE.

Au lieu de vous soumettre, il fallait commander,
Tout obtenir de lui sans lui rien accorder.

GONTRAN.

D'abord je l'ai voulu; libre encore on le brave;
Puis on cède, et de roi je fus bientôt esclave.
Elle est à lui, cette âme; il n'a qu'à l'appeler,
De ce corps en poussière elle va s'envoler.
Voudra-t-il que pour moi, demain, le jour se lève,
Et ce jour qui me luit, voudra-t-il qu'il s'achève?
Je crois sentir son bras vers mon front s'allonger
Pour y graver son signe, et m'abattre, et changer
En des tourments sans fin ce reste d'existence.
Chaque heure que j'entends murmure ma sentence;
A chaque mot de toi qui me semble un adieu,
Mon cœur épouvanté se retourne vers Dieu;
Mais, s'il me pardonnait, Dieu serait sans mémoire;
J'invoque le néant, et je n'y puis pas croire.
Ah! prends pitié de toi, car c'est toi que je plains;
Les forfaits et les maux dont mes longs jours sont pleins,
Qu'avec moi pour jamais l'enfer les engloutisse!

Mais, toi, n'allume pas son ardente justice.
Par ces pleurs qu'en tremblant je verse à tes genoux,
Crains celui dont les yeux, dont les mains sont sur nous;
Prosterne devant Dieu ton orgueil, et, chrétienne,
Adoucis ma souffrance en m'épargnant la tienne.

MÉLUSINE.

Quels que soient les tourments qui suivront vos malheurs,
Je les accepterais... et me rends à vos pleurs.

GONTRAN.

Ma fille!

MÉLUSINE.

  Je vaincrai son esprit qui m'obsède ;
Mais vous...

GONTRAN.

Quelqu'un s'approche ; ah, tais-toi!

MÉLUSINE.

C'est Tancrède.

SCÈNE II.

LES PRÉCÉDENTS, TANCRÈDE.

TANCRÈDE.

Mélusine, salut! Gontran, salut à vous!
Tancrède en vous parlant tremble encor de courroux!
J'ai conquis cette terre et je l'ai défendue :
Trouvez-vous qu'à mon front la royauté soit due?

MÉLUSINE.

Je suis femme, seigneur, et, pour vous couronner,
Je n'ai pas au conseil de suffrage à donner.

GONTRAN.

Aux intérêts humains pour jamais je renonce;
Qu'un plus sage que moi sur ces débats prononce.

TANCRÈDE, à Gontran et à Mélusine.

Que vous soyez ou non juges de ces débats,
Vous qui foulez en paix la terre où je combats,
Croisez en paix vos mains sur la pierre sacrée
Des chaînes d'Ismaël par mes mains délivrée,
Vous savez qui je suis, et vous devez savoir
Que, si j'eus des rivaux, j'ai cessé d'en avoir.
Ils dorment; l'olivier couvre de son ombrage
Mes égaux par le nom, mes pairs par le courage;
Près du tombeau divin qu'ils vengeaient avec moi,
Ils dorment, ces martyrs; mais chacun d'eux fut roi.
Je veux l'être à mon tour : suis-je digne de l'être?
En disant : « Je le crois! » je parais fier peut-être;
Je le dis : les travaux qui m'ont rendu fameux
Parlent haut pour ma cause, et je parle comme eux.

GONTRAN.

C'est au ciel d'Orient contester sa lumière,
Que nier sur ce bord votre gloire guerrière.

TANCRÈDE.

Et n'est-ce pas, Gontran, la nier en effet
Sous les feux de ce ciel, qui sait ce que j'ai fait,
Insulter aux exploits que son soleil éclaire,

Que de m'en disputer un si juste salaire?
Baudouin l'ose pourtant, Baudouin qui tant de fois
Devant les miens sans honte humilia ses droits.
Il se laisse aujourd'hui surprendre à leur prestige.
Je ne sais quel succès l'a frappé de vertige,
Succès dont à la nuit il doit une moitié,
Et l'autre au dévoûment d'une noble amitié.
N'importe, il s'en prévaut pour braver une gloire
Dont lui seul dans nos rangs a perdu la mémoire,
Pour jeter fièrement son nom sur mon chemin
Et réclamer un sceptre où j'ai porté la main.

MÉLUSINE.

. . . .
. . . .

FIN.

TABLE.

Notice sur Casimir Delavigne. 1
La Brigantine, ballade. 1
Pietro, ballade. 5
La Ballerine, poème. 11
    Chant i. — Nice. 13
          ii. — La Ballerine. 19
La Grotte du chien. 25
Memmo, poème. 29
    Chant i. — Le Chevrier. 31
          ii. — Adda. 37
          iii. — Les Présages. 43
          iv. — La Mort du Bandit. 47
La Toilette de Constance, ballade. 55
Un Conclave, ballade. 61
Le Prêtre, poème. 69
    Chant i. — L'Enfant de chœur. 71
          ii. — Le jeune Prêtre. 79
          iii. — Le Vendredi saint. 87
          iv. — La Veillée. 97
          v. — Le Dernier Jour de Carnaval. 107
          vi. — La Lettre. 125
          vii. — Le Crime. 133
          viii. — La Place du Peuple. 141

La Villa Adrienne.	151
Un Miracle, poème.	159
Chant i. — Le Retour du bal.	161
ii. — Les Limbes.	177
iii. — Jésus-Christ dans les limbes.	185
iv. — Le Retour de l'église.	193
Une Étoile sur les lagunes.	203
Le Gondolier.	207
L'Ame du purgatoire.	211
La Vache perdue.	217
Le Passage du mont Saint-Bernard.	225
Épilogue.	231
Le Marronnier d'Élisa	239
Adieu.	243
Mélusine, tragédie.	249

FIN DE LA TABLE.